중소기업 다니던 용수는 수익형 부동산으로 어떻게 월 7,000만원 벌게 됐을까?

중소기업 다니던 용수는 수익형 부동산으로 어떻게 월 7,000만원 벌게 됐을까?

1판 1쇄 발행 2022년 2월 14일
1판 6쇄 발행 2023년 12월 26일

지은이 강용수
펴낸이 이기준
펴낸곳 리더북스
출판등록 2004년 10월 15일(제2004-000132호)
주소 경기도 고양시 덕양구 무원로 6번길 12(행신동, 대흥프라자빌딩) 815호
전화 031)971-2691
팩스 031)971-2692
이메일 leaderbooks@hanmail.net

ISBN 979-11-90616-56-0 03320

용주주 용수형, 건물주 만들어주!

중소기업 다니던 용수는 수익형 부동산으로 어떻게 월 7,000만원 벌게 됐을까?

강용수 지음

리더북스

추천의 글

싱글파이어는 열심히 일하며 경제적 자유를 추구하는 20~40대 직장인들이 저축하고 투자하고 성장하는 이야기를 담는 채널이다. 강용수 대표님은 나의 인생 멘토일 뿐만 아니라 싱글파이어 13만 구독자들이 인정하는 가장 닮고 싶은 '롤모델' 중 한 분으로 꼽힌다.

평범한 중소기업 직장인이었던 그가 월급이 아닌 자본소득의 위력을 깨닫고 자산 규모를 180억 원 이상으로 불린 과정은 직장인들에게 '신선한 충격'을 안겨 주기에 충분하다. 많이 버는 고소득 전문직이어야만 경제적 자유를 누릴 수 있다는 편견, 월급쟁이는 100억대 자산가가 될 수 없다는 고정관념, 아파트 시세 차익형 투자만이 답이라는 인식은 '잘못 학습된 사고'에 불과하다는 걸 그의 이야기가 증명한다.

단순히 자산이 많고 월 7,000만 원이 넘는 자본소득을 벌어서가 아니라 그가 살아가는 모습이 밀레니얼 세대에겐 큰 귀감이 된다고 믿는다. 자신이 시행착오를 거쳐 배운 노하우를 아낌없이 공유하고 함께 성장하고자 하는 마음은 자산이 많다고 누구나 갖는 것은 아니다. 강용수 대표님이 누군가의 삶을 바꾸고 인생의 전환점을 만들어준 사례는 너무나 많아 일일이 꼽기 어려울 정도다.

이 책에는 단기간에 '한 방'을 노릴 수 있는 부동산 투자 스킬은 담겨 있지 않다. 평생을 두고 차근히 단계를 밟아가면 마땅히 도달할 수 있는 부자의 길을 제시하고 있다. 책 한 권으로 그가 오랜 기간 쌓아온 투자의 정수와 부자의 철학을 배울 수 있다는 것은 정말이지 크나큰 행운이다. 많은 독자들이 그 기회를 함께 얻을 수 있길 희망한다.

- 유튜브 <싱글파이어> 운영자 신희은

저자의 말

스물여덟 살, 부자가 되는 방법을 공부하기 시작했다. 수익형 부동산에 투자해야겠다고 마음먹었다. 투자 원칙을 세웠고, 부자의 습관을 실천했다. 그로부터 20여 년의 세월이 흘러 마흔여덟이 되었다. 중소기업에 다니던 나는 수익형 부동산으로 월 7,000만 원을 벌고 있다.

경제적 자유를 얻기까지의 과정은 험난했다. 내가 부자가 되는 방법은 오랜 시간 공을 들여야 하는 대장정과 같았다. 그야말로 멀고 먼 길이었다. 마른 수건도 다시 짜는 절약 생활을 하면서 종잣돈을 마련하는 시간은 너무나 괴로웠다. 부자가 되는 길을 함께할 동반자가 필요했다. 그러나 눈 씻고 찾아봐도 아무도 없었다. 친구들도 내가 추구하는 부자 되는 방법에 동의하지 않았다. 심지어 아내조차도 방향성을 부정하지는 않았지만, 절대적으로 나를 믿어주는 눈치는 아니었다. 나 혼자 외로운 길을 오랜 시간 걸었다. 두렵고 힘들었다.

나는 마흔이 되던 해에 스물여덟 살 때 세운 목표를 달성했다. 그때부터 주변 사람들은 나의 투자방식을 배우려고 했다. 그동안 나를 믿어주지 않은 사람들을 원망하기보다는 그들에게 부자가 되고 경제적 자유를 얻는 방법을 알려주고 싶었다. 하지만 돈을 버는 뾰족한 방법만 알려달라고 할 뿐, 돈을 굴리고 불리는 방법에는 전혀 관심이 없었다. 몹시 안타까웠다.

사실 부자가 되는 첫 단계는 투자의 관점을 바꾸는 것에서부터 시작한다. 그 관점을 이해하지 못하면서 빨리 부자가 되려고 하면 절대로 부자가 될 수 없다.

부자가 되는 방법을 나 같은 서민들에게 알려주고 큰 희망을 품게 해주고 싶었다. 2017년에 책을 쓰기로 마음먹었다. 쉽지 않은 일이었다. 그 당시 70억 자산가였던 나는 첫 책《부자는 돈이 일하게 한다》를 출간했다. 월급보다 훨씬 많은 월 수천만 원 수익형 자산소득을 만드는 시스템을 소개했다. 대형 베스트셀러는 아니었지만 4쇄를 찍었다. 책이 출간된 이후에 잡지사, 방송국에서 인터뷰 요청을 해왔고, 교육센터 등에서도 강의를 문의했다. 힘겹게 살아가는 서민들에게 어떻게 하면 돈이 일하게 하는지를 구체적으로 알려주고 싶었는데, 대부분 단발성 강의로 그쳤다.

그로부터 3년 후에 내 자산은 120억으로 불어났다. 나는 서민들에게 또 말해주고 싶었다. "종잣돈을 만들고 매달 수익이 나오는 수익형 자산에 투자하세요."라고. 2020년 11월에 두 번째 책《서민의 부자 되기 습관》을 출간했다. 다시 강의 요청이 쇄도했다. 시간을 내서 분주하게 강의를 다녔다.

그러던 중 SBS라디오 PD가 연락을 해왔다. 새로운 경제 전문 프로그램을 만들 계획이라면서 고정출연을 제안했다. 2021년 초부터 SBS 러브FM 〈정철진의 목돈연구소〉에 6개월 동안 주 1회 출연했다. 나의 코너는 '아이 돈 케어(I 錢 Care)'였다. '부자 아빠 강용수'를 기억하는 애청자들이 늘어났다. 매주 평택에서 서울까지 오고 가는 번거로움은 있었지만 즐겁게 방송했다.

이때 여러 명의 전문 출연진들과 친하게 지냈다. 방송 내용에 관해 함께 미팅하고 돌아가는 길에 유명 신문사 기자가 나에게 말을 건넸다. 취재하고 싶다고 했다. 구체적으로 '파이어족'에 관한 내용을 다룬다고 했다. 나는 그분에게 무식함을 드러냈다. 머릿속으로 '파이어족'이 무엇인지 생각하다가, 그 기자에게 "저는 캠핑을 안 좋아합니다. 한번도 해본 적이 없어요."라고 답했다. 기자는 웃으면서 파이어족이 무엇인지 자세하게 설명해주었다. 한마디로, 경제적 자립을 통해 빠른 시기에 은퇴하려는 사람들을 뜻하는 말이었다. '아이고 창피해라.'

나는 파이어족이 아니었다. 그래서 "저는 아직도 일하고 있는 사람입니다. 말씀하신 파이어족은 아닙니다."라고 말했다. 기자는 나에게 예비 파이어족도 상관없다면서 조만간 연락하겠다고 했다. 그렇게 우리는 헤어졌다.

며칠 후 진짜 그 기자가 카톡으로 문자를 보냈다. 출연해서 나눌 얘기를 콘티로 만들었다며 파일을 첨부했다. '빈말이 아니었구나.' 기자의 추진력에 놀랐다. 차주에 우리 집에서 녹화가 시작되었다. 나의 유튜브

데뷔작이었다. 일주일 후 '싱글파이어' 첫 영상을 유튜브에 공개했다. 많은 사람이 영상을 봐서 완전 떡상(급격한 상승)이 되었다. 책을 출간한 것조차 모르던 친구들이 유튜브를 보고 전화했다. 지금까지 85만 조회수가 나왔다고 하니 놀라울 따름이다.

그 이후 여러 유튜브 채널에서 출연 제안이 쏟아져 들어왔지만 대부분 거절했다. 그 기자와 교육과정 영상을 10회 정도 제작하기로 했다. 일명 '용주주'(용수형, 건물주 만들어주) 코너를 만들어나갔다.

유튜브 방송이 나가고 나에게는 많은 변화가 있었다. 코로나19로 세상에 많은 변화가 생긴 것처럼. 한번은 KBS라디오 프로그램 〈경제로 통일로〉 '토요 초대석'에 출연하기 위해 여의도로 가는 길이었다. 지하철에는 자리가 남아돌았다. 그런데 맞은편에 마스크를 쓰고 앉아있는 남자가 나를 계속 쳐다보았다. '분명 나도 마스크를 썼는데 왜 저러지.' 라고 생각했다. 시골 사람인 나는 다음 역 안내 방송이 나오면 미리 일어나서 출입문 앞에 선다. 촌스럽게. 나를 계속 바라보던 사람도 나를 의식하며 따라 일어나서 내 옆에 섰다. 뭔가 느낌이 안 좋았다. 어리숙해 보이니까 물건을 팔려는 걸까? 아니면, "도를 아십니까?" 하며 대뜸 말하려고 하는 걸까? 이런저런 상상을 하는데, 지하철 문이 열렸다. 나는 빠른 속도로 내렸다. 그 남자도 잽싸게 따라 내렸다. 그러더니 "저기요!" 하며 나에게 말을 걸었다. 불길한 예감은 빗나가지 않았다.

"혹시 용주주 님 아니세요?"

나는 깜짝 놀랐다. 마스크를 쓰고 있었는데 어떻게 나인 줄 알았을까? 서울 사람들은 참 신통력이 있다.

"네, 맞는데요. 근데 어떻게 아셨죠?"

그분은 지하철에서 내 영상을 즐겨 본다고 했다. 반갑게 인사하고 명함을 주고받았다. 잠시 이야기를 나누고 나는 역을 빠져나왔다. 세상에 서울 한복판에서 나를 알아보는 사람이 있다니! 이제 길에서 함부로 코도 못 파겠다는 생각이 들었다.

며칠 전에는 나의 건물 세입자와 만기 퇴실로 통화를 했다. 유튜브를 보는데 집주인 아저씨가 나와서 깜짝 놀랐고, 책을 사서 읽고 있다고 했다. 세입자에게 이제는 월세도 못 올리게 생겼다.

내가 하고 싶은 교육 프로그램을 만들어 평택에서 특강을 시작했다. 지금은 서울, 평택, 화성 등 3곳에서 매주 강의한다. 2022년에는 부산을 시작으로 전국 대도시를 순회하며 강의하려고 준비하고 있다. 온라인 강의도 개설하여 진행 중이다.

블로그와 카페도 개설하여 부자를 꿈꾸는 독자들과도 소통하고 있다. 질문방도 만들어 궁금해하는 사항들을 보고 직접 전화해서 설명해 준다. 너무 보람찬 일이다. 앞으로도 희망이 없다고 좌절하는 젊은이와 가장들에게 용기를 주는 일을 하고 싶다.

앞서 출간된 두 권의 책은 동기부여를 하면서 부자가 되는 방법에 관해 썼다면, 이번 세 번째 책은 수익형 부동산 투자 실천서이다. 본격적인 투자를 할 때 꼭 알아야 할 내용과 주의해야 할 점들을 기술했다. 이

책의 내용은 모두 실제로 내가 하는 투자방식이다. 어디선가 들어보았거나 과장된 내용은 하나도 없을 것이다. 완벽하게 팩트로만 쓴 책이다.

1장에서는 부자가 되는 법칙을 정리했다. 부자가 되려면 꼭 알아야 할 내용이라 기존에 낸 두 권의 책 내용을 함축하여 다시 한번 강조했다. 꼭 마음에 새기기를 당부드린다.

2장은 수익형 자산 건물을 구입하는 방법에 관한 내용이다. 우리는 건물주라고 하면 대단히 넘사벽일 거라고 착각한다. 나 역시 그렇게 생각했었다. 하지만 관점을 달리하면 건물주가 되는 방법은 어렵지 않다.

3장에서는 건물을 계약할 때 필요한 사항을 설명했다. 우리가 생각하는 계약과 건물 계약은 다르다. 모르면 호구가 될 수밖에 없다.

4장에서는 수익형 자산을 운영하는 기술을 깨알 같은 정보로 알려준다. 많은 사람이 세입자와의 관계에서 어려움을 겪고 있다. 해결 방법을 구체적으로 설명했으니 도움이 될 것이다.

마지막으로 5장은 수익형 자산으로 부자가 되는 길에 관하여 썼다. 어떻게 하면 느린 수익형 자산으로 빠르게 부자가 될 수 있는지, 그리고 단돈 1원이라도 잃지 않는 부자가 될 수 있는지를 설명했다.

이 책을 읽는 여러분이 멋진 부자의 길을 함께 갈 수 있기를 바란다.

이 책 내용의 많은 부분은 용주주 특강에 참여한 수강생들의 질문과 고민을 담아 썼다. 수강생들 한 분 한 분이 나에게는 소중한 보물이다. 책을 쓸 수 있는 소재를 만들어준 서울, 평택, 화성 특강 수강생들에게 감사를 표한다.

이렇게 강의를 할 수 있게 도와주고 많은 가르침을 준 싱글파이어 신희은 기자께도 감사의 인사를 전한다.

오랜 인연으로 호형호제하는 사이가 된 리더북스 이기준 대표는 글을 잘 편집해주었다.

마지막으로, 내가 강하게 성장할 수 있도록 가르쳐주신 하늘에 계신 아버지께 감사의 말씀을 올려 드린다. 사랑합니다. 감사합니다.

강용수

목차

1장 부자가 되는 절대 법칙

2장 수익형 자산 건물 구입하는 법

3장 건물 계약할 때 꼭 알아야 할 것들

4장 수익형 자산을 운영하는 기술

5장 수익형 자산으로 부자 되는 길

1장

부자가 되는 절대 법칙

01

직장 함부로 그만두지 마라

요즘 젊은이들 사이에서 파이어족이 유행하고 있다. 파이어(FIRE)란 '경제적 자립, 조기 퇴직'(Financial Independence, Retire Early)의 첫 글자를 따 만들어진 신조어다. 지출을 최대한 줄이고 투자를 늘려 재정적 자립을 추구하는 생활 방식이다. 30대 말이나 늦어도 40대 초반까지 경제적 자립을 통해 조기 은퇴하겠다는 목표를 세우는 것은 매우 좋은 현상이다. 하지만 걱정이 되는 부분도 많은 것이 현실이다.

짧은 기간에 은퇴 자산을 키우려면, 리스크가 높은 곳에 투자해야 한다. 많은 소득을 단기간에 올려야 하는 위험성을 안고 있다. 물론 요즘에는 미친 듯 상승하는 부동산으로 시세 차익을 얻는 사람들도 늘어나고 있다.

지루한 직장생활을 끝내고 빨리 부자가 되는 것은 너무나 즐거운 일이다. 누구나 꿈꾸는 일이기도 하다. 하지만 쉽지 않은 일이란 것 역시 다 알고 있는 사실이다.

월급은 늘 부족하지만 안전한 현금흐름이다

직장인은 봉급생활자로서 고정된 소득이 있다. 누군가 만들어놓은 돈 버는 시스템에 고용되어 일하고 매달 일정한 보수를 받는다. 아마도 매달 받는 월급이 자신이 일한 만큼의 대가로 충분하다고 여기는 사람은 없을 것이다. 매년 월급 인상을 기대하지만, 항상 원하는 만큼 오르지 않는다. 우리는 늘 불만이 가득하면서도 월급날을 기다리며 하루하루 일하고 있다.

자영업자는 어떠할까? 매달 열심히 일하고 있지만, 여러 가지 이유로 소득은 줄고 지출은 늘어난다. 직원들의 급여는 계속 올라가는데 사업체의 이익률은 계속 하락하고 있어 걱정이 태산이다. 매달 직원들의 월급날과 거래처 결제일이 다가올수록 머리가 지끈거리며 쑤셔온다.

자영업자, 소상공인과 비교하면 봉급생활자는 그나마 적지만 안정적인 급여를 매달 받고 있다. 회사의 사정이 조금 어려워져도 견딜 만하다. 회사가 최고의 매출을 기록하면 보너스의 혜택도 주어진다. 이것이 봉급생활자가 누리는 최고의 특권이다. 정년퇴직 속도가 빨라지긴 했지만 어느 정도 보장되어 대부분의 직장인은 정년까지는 월급을 받을 수 있다. 월급은 늘 부족하지만 현금흐름에 이보다 안전한 것은 없다.

정년퇴직 후에 어떻게 살 것인가?

안정적인 월급을 받으며 일하던 직장인들은 정년이 다가오면 두 가지 길에서 고민한다. 하나는 퇴직 후 새로운 일자리를 얻기 위해 자격증을 따는 것이다. 공인중개사, 중장비 면허, 지게차 면허, 전기기능사, 도배기능사 등을 준비한다. 또 하나는 자산에서 나오는 현금흐름을 만들기 위해 재테크 공부를 시작하는 것이다.

전자는 퇴직 전 수입보다는 적지만 다른 근로소득을 만들기 위해 준비하는 사람들이다. 후자는 연금뿐만 아니라 자산의 수익을 만들어 쉬면서 노후를 즐기려는 사람들이다. 정답은 없다. 어떤 선택을 할 것인지는 각자 생각하고 결정해야 한다.

02

돈을 제대로 벌고 불리고 지키는 법을 알아야 부자로 살 수 있다

돈을 제대로 벌고, 불리고, 지키는 능력을 갖추지 못한 사람에게 돈이 생기면 먼지처럼 금방 날아간다. 돈을 관리하고 지켜내는 일은 간단하지 않다. 막연히 돈이 많으면 좋겠다고 바라지만, 운이 좋아서 많은 돈이 생겼어도 그것을 지켜내고 관리할 줄 모르면 그 돈은 내 돈이 아니다.

제대로 돈 버는 법

돈을 번다는 것은 근로소득을 얻어 종잣돈(시드머니)을 만드는 것을 의미한다. 소득을 늘리는 일은 쉽지 않다. 대부분의 사람은 투잡을 생각하거나 맞벌이를 떠올릴 것이다. 하지만 나는 투잡을 하지도 않았고 맞벌이도 하지 않았다. 단지 내가 소속된 회사에서 더욱더 열심히 일해 진급을 빨리하는 방법을 선택했다. 동시에 지출을 극도로 통제하여 줄여나가는 것에 초점을 맞췄고 매달 저축액을 늘려나갔다.

이 과정에서 한 달간 벌어들이는 소득을 늘리는 것보다는 무의미한 지출을 줄이는 것이 더 쉬운 방법임을 알았다. 그래서 지출을 기록하는 가계부를 썼고, 매달 자산평가서를 만들어 자산을 철저히 통제했다. (가계부 쓰기와 자산평가서 만들기는 《부자는 돈이 일하게 한다》, 유튜브 싱글파이어 '용수형 건물주 만들어주' 코너에 자세히 설명되어 있다.)

나는 '용주주' 오프라인 특강을 하면서 수강생들의 자산평가서를 많이 본다. 수강생들이 앞으로 어떻게 투자할 것인지 그 계획도 자주 듣는다. 대부분의 수강생이 실수하거나 잘못 생각하는 부분이 있다. 그것은 종잣돈을 만들기 위해 지출을 늘리고 있다는 사실이다.

본인은 월세를 내면서 아파트에 투자해 전세를 주다니! 월세를 내고 산다는 것은 지출이 늘어나는 것을 의미한다. 그런 처지에서 전세를 준다는 것은 현금흐름을 좋게 하기는커녕 지출만 발생하게 만드는 꼴이다. 시세 차익을 노리고 투자했지만, 오히려 지출이 늘어나고 현금흐름은 안 좋은 결과를 낳는 셈이다.

나는 이런 투자를 하는 사람들을 볼 때마다 안타깝다. 대출을 얻어 구입한 아파트를 전세가 아닌 월세로 준다면 대출금을 갚고도 남는 현금흐름이 발생한다. 그래서 본인이 거주할 집은 전세자금 대출을 받아서 전세로 살라고 조언한다. 이렇게만 해도 현금흐름이 개선된다.

우리는 값이 오르는 부동산시장에서 뒤처지기 싫어서 투자의 기본 원칙을 생각하지 않는다. 허겁지겁 투자하다 보면 판단 착오를 일으킬 수밖에 없다.

지혜롭게 돈을 불리는 법

'용주주' 특강을 듣는 분들에게 "왜 이 강의를 신청하셨나요?"라고 물으면 대다수가 돈을 불리는 법을 배우기 위해서라고 대답한다. 저멀리 울산, 부산, 대구, 순천 등에서 시간을 투자해 강의를 들으러 오는 수강생들도 있다. 그분들의 열정은 대단하다. 강의 내용을 하나라도 놓칠세라 기록하고 질문한다. 나는 이런 분들에게 더욱더 열정적인 강의로 보답한다.

돈을 불리는 과정은 자산에서 나오는 소득을 만들어내는 것이다. 근로소득을 절약하여 돈을 모으는 분들도 있고, 운 좋게 투자를 잘해서 시세 차익이 실현된 종잣돈으로 돈을 불리는 분들도 있다. 수강생들은 대부분 자산은 많지만 현금흐름이 좋은 편은 아니다. 차익형 투자를 하거나 자산의 일부만 오피스텔이나 상가에 투자하고 있다. 게다가 구입한 오피스텔을 전세로 주고 있는 경우도 많다.

나는 투자 강의를 할 때 수익형 건물(다세대, 다가구, 생활형 숙박시설)

등을 투자상품으로 소개한다. 1인 가구를 위한 원룸 형태의 집들이다. 이러한 투자상품을 설명하면 강의가 끝나고 나서 수강생들의 절반 이상이 반드시 이런 질문을 한다.

"제가 거주하는 집을 전세 놓고 그 돈으로 투자하면 어떨까요?"

나는 대답 대신 되묻는다.

"그럼 본인은 어디에 거주하시게요?"

수강생들 대다수가 "월세를 살 생각입니다."라고 대답한다.

수익형 자산에 투자해 월세를 받아야 현금흐름이 좋아지는데, 정작 본인은 월세를 낸다고? 이런 아이러니한 투자를 하겠다니…….

투자해서 현금흐름을 창출하는 것은 좋은 일이다. 그리고 적극 추천하는 일이기도 하다. 하지만 투자하다 보면 지출 또한 같이 늘어날 수밖에 없다. 그런 이유로 현금흐름과 지출의 증가를 비교하며 최상의 조건을 만들어야 한다.

만약, 좋은 자산에 투자할 기회를 찾았다면 매우 기쁜 일이다. 하지만 반드시 짚고 넘어가야 할 것이 있다. **투자금이 부족한 상황에서 자산을 구입했는데, 현금흐름에 일시적이라도 마이너스가 생긴다면 이것은 좋은 투자가 아니다. 투자하는 순간부터 수익이 생겨야 좋은 투자다.** 단 6개월 또는 1년간 마이너스 현금흐름이 생기고 그 이후 수익이 난다고 해도 절대로 투자해서는 안 된다. 왜냐하면, 투자대상이 잘못된 것이 아니고, 내가 가진 종잣돈이 부족한 것이기 때문이다. 나는 좋은 자산이라도 일시적으로나마 마이너스 현금흐름이 생길 것 같으면 지체하지 않고 투자를 포기한다.

용주주의 투자 제1원칙
"투자하는 순간부터 수익이 발생하는 것에 투자한다."

올바르게 돈을 지키는 법

나는 많은 투자자산을 소유하고 있다. 하지만 자산의 가격(호가)이 오르고 내리는 것에는 거의 신경을 쓰지 않는다. 대부분이 수익형 자산이기 때문이다. 수익형 자산에서 나오는 소득이 줄어드는지 늘어나는지만 살핀다. 자산에서 나오는 소득이 늘어났다면 내 건물의 가치는 당연히 올랐을 것이다.

나는 자산평가서에 건물의 가격을 정확한 금액으로 개량하여 적을 수 없다. 그것은 매우 어려운 일이다. 다만, 건물을 구입했던 당시의 가격을 기록해놓는다. 자산소득이 감소하지 않는다면 그 자산의 가격은 최소한 하락하지는 않기 때문이다.

부동산의 가격은 상승과 하락을 반복한다. 대체적으로 상승 국면에 있지만, 언제 떨어질지 모른다. 전세 가격 또한 오름과 내림을 번갈아가며 반복한다. 하지만 월세 가격 특히 1인 거주 형태인 원룸의 가격은 물가상승처럼 계속 올라가기만 한다. 급속도로 가파르게 올라가지는 않지만 서서히 상승하고 있다. 18년간 하락하는 것을 단 한 번도 본 적이 없다.

물론 구미시의 경우처럼 특수한 사례도 있긴 하다. 구미시에 있는 원룸의 월세 가격이 내려가 있다. 대기업이 사업장을 폐쇄하여 많은 젊은이가 이 지역을 떠났고 그들의 주거형태인 원룸 주택의 수요 또한 감소했기 때문이다. 이처럼 일부 지역은 월세 가격이 하락하는 경우도 있다.

나는 2019년에 마지막 투자를 하고 지금까지 신규 투자를 전혀 하지 않았다. 그 이유는 부동산 정책이 투자하기에는 좋지 않은 방향으로 흘러가고 있기 때문이다. 그렇다고 투자를 완전히 멈춘 것은 아니다. 소나기를 피해 가겠다는 것일 뿐, 투자할 곳을 계속 눈여겨보고 있다.

2년간 투자하지 않고 있지만, 나는 두 가지가 더 좋아졌다.

❶ 자산평가서의 부채 비율이 낮아졌다. 매우 건전한 부채 비율이 만들어지고 있다.

❷ 투자를 계속할 때보다 현금흐름이 더욱 높아졌다. 왜냐하면 매달 발생하는 현금흐름으로 부채를 상환하고, 전세를 월세로 전환하고 있기 때문이다. 정부에서는 전세가 없어지게 만드는 정책을 펴고 있어서 나는 투자를 멈추고 전세를 월세로 전환하는 데 주력하고 있다.

나는 앞으로도 투자자산을 늘려나가기보다는 현재 보유하고 있는 자산을 지키는 쪽으로 투자 방향을 잡았다. 현금흐름은 극대화하고 부채 비율은 낮출 것이다. 그리고 좋은 투자처가 생기면 과감히 투자하고 소유한 자산 중 낡고 오래된 것은 처분할 것이다. 이런 방법으로 자산을 지키고 키워나가려고 한다.

03

부자 되는 첫걸음은 **내가 살 집부터 마련하는 것**

나는 부모님 집에서 직장에 다녔다. 다행히 첫 직장이 고향에 있어 부모님과 함께 살면서 지출을 줄였다. 26세에 결혼하여 처음으로 독립했다. 민간 전세식 장기 임대아파트에 입주했다. 임대회사에 일 년에 한 번씩 낮은 임대료를 올려주면서 살았다. 그 집에 3년 정도 거주할 때였다. 이웃의 권유로 신규 아파트 청약을 넣었는데 운 좋게도 당첨되었다.

친하게 지내던 주민들이 같은 지역의 아파트로 이사하게 되어 매우 기뻤다. 하지만 기쁨도 잠시였다. 입주 시기가 다가올수록 두려움이 생겼다. 새 아파트에 입주하면 한 달에 60만 원이 넘는 이자를 내고 살아야 했기 때문이다. 내 소득에서 매달 60만 원 이상은 너무나 큰 지출이었다. 완전 월세살이가 시작되는 것이나 다름없었다.

대출금이 많다면 전세든 내 집이든 월세살이다

그런데 이웃들은 하나같이 높은 이자를 무릅쓰고 새로 지은 아파트로 입주했다. 나는 아내를 설득하고 또 설득해서 낡고 작은 임대아파트에 남기로 결정했다. 인생에서 가장 잘했던 투자로 손꼽을 만한 결정이었다. 새로 지은 아파트는 월세를 주고 130만 원을 받았다. 그 당시 아파트 월세는 80만 원 정도였는데, 평택의 특수한 상황이 한몫했다. 평택 지역은 주택에 옵션을 넣고 미국인에게 월세를 주면 돈을 더 많이 받을 수 있었다.

아파트를 대출받아 구입하면서 매달 내는 60만 원 이자와 월세로 받는 130만 원을 합산하니 70만 원의 자산소득이 생겼다. 나는 이 돈으로 아파트 대출금을 갚아나갔다. 다행히 내 아파트의 첫 세입자는 1년 치 월세를 한 번에 납부하여 원금 상환이 더욱 빨라졌다. 비록 새 아파트에 입주하지는 못했지만 너무 기뻤고 아내도 즐거워했다.

월세로 사는 것만 지출일까? 전세를 살아도 전세자금 대출을 받아 이자를 내고 있다면 월세와 같은 지출이 발생한다. 집을 장만하더라도 대출금 이자가 많으면 월세를 사는 것과 다르지 않다.

주거자산 즉 주택은 모두 지출이 발생한다. 주거는 의식주의 기본이기 때문에 반드시 필요한 재화이다. 수익형 부동산 투자로 매달 수익을 얻는 구조는 2번째 주택을 구입했을 때 비로소 시작된다.

실거주할 소형 아파트부터 구입하라

결혼하면서 처음으로 잡는 목표는 내 집 마련이다. 서울이나 대도시에서 내 집을 마련하기란 쉬운 일이 아니다. 평생 집 하나 장만하고 끝나는 것이 우리의 삶인지도 모른다.

전세로 살거나 월세를 주고 무주택 기간을 유지하면서 아파트 청약에 당첨되는 것도 좋은 전략일 수 있다. 하지만 이렇게 너무 오랜 시간을 기다리는 것은 낡은 투자 방법이 아닐까. 요즘 서울이나 대도시에서 청약에 당첨되면 로또라고 한다. 높은 시세 상승을 기대할 수는 있지만, 무주택 기간에 많은 기회비용을 날리고 여러 번의 이사로 큰 비용을 지출할 수밖에 없다.

경제적 자유를 얻는 부자가 되려면, 첫 주택은 소형 아파트를 구입하는 것이 최선이다. 서울은 소형 아파트도 10억이 넘는다고 하니 이것은 열외로 하고 이해하길 바란다.

수도권에 있는 작은 평수의 아파트를 대출받아 구입할 것을 추천한다. 빌라는 시세 파악이 어렵고, 아파트와 비교해 시세 상승이 둔하여 좋은 가격의 물건을 찾기 어렵다. 그래서 아파트를 권하는 것이다.

온 국민이 아파트 투자에 열광하는 이유는 부동산 중에서 투자가 가장 수월하기 때문이다. 아파트는 휴대폰으로 검색만 해도 가격을 쉽게 알아볼 수 있다. 현재 나온 매물이 비싼 건지, 급매인지도 파악할 수 있다.

아파트 투자의 또 다른 장점은 부동산 중에서 가장 빠르게 현금화할 수 있는 재화란 점이다. 연립주택, 상가 등은 쉽게 거래되지 않는 단점이 있다. 특히 토지는 가장 현금화하기 어려운 자산이다. 주택과 상가, 토지의 부동산 중개수수료가 다른 이유가 여기에 있다. 실제로 토지는 부동산 중개수수료를 무시하고 더 높은 보수를 주고 거래되기도 한다. 거래가 안 될수록 수수료가 올라가는 것은 시장 논리에서 당연하다.

소형 아파트에 살면서 주거가 안정되었다면, 그곳에 최대한 오래 살면서 수익형 자산에 투자하자. 그것이 가장 빨리 부자가 되는 길이다.

04

'아파트 평수 늘리기+상급지 갈아타기' 하지 마라

요즘 우리는 '4차 산업혁명'이란 말을 심심치 않게 듣는다. 향후 몇 년 안에 인공지능, 자율주행차, 전기차와 2차전지, 증강현실, 드론, 신재생에너지 등은 크게 성장할 것이다. 새로운 기술 흐름을 연구하고 분석해야 하는 시점이다. 우리의 소득과 투자 성과가 산업의 흐름과 기업의 성장에 달려 있기 때문이다.

그런데 우리의 부동산 투자 패턴은 안타깝게도 20세기의 오래되고 낡은 성향을 그대로 반영하고 있다. 과연 부동산은 산업발달과 다르게 20세기의 모습 그대로 머물러 있을까?

일명 똘똘이 키우기 전법

20세기 부동산 투자의 정석은 아파트 평수 늘리기가 대세였다. 20평에서 30평, 그리고 40~50평으로 평수를 늘려나갔다. 정년퇴직이 다가올 시점에 50평에 거주하고 있으면 재테크에 성공한 사람으로 인정받았다. 지금도 크게 다르지 않다. 현 정부는 1주택 이상을 보유하면 공공의 적으로 취급하는 정책을 편다. 정부도 일부 국민도 20세기 사고에서 벗어나지 못하고 있다.

정년을 앞둔 가장이 50평대의 아파트를 소유하고 있다고 가정해보자. 55세에서 60세 정도의 나이일 것이다. 과연 50평대의 아파트에는 누가 거주할까? 자녀들이 대학을 졸업한 후에 직장 근처로 이사 가고 이제는 부부만 살거나, 막내랑 3명이 거주하는 형태일 것이다. 방이 남아돈다. 주말에 가끔 집에 오는 자녀를 위해 큰집을 유지할 필요가 있을까?

정년퇴직한 가장은 어떠할까. 대부분 자녀가 결혼하여 분가하고 부부가 큰집에서 생활하고 있을 것이다. 하지만 집을 줄일 생각은 하지 않는다. 결혼한 자녀들이 찾아오면 방이 있어야 하기에 그냥 큰집을 보유하고 있는 것이다. 분가한 자녀가 얼마나 자주 집에 올까? 그리고 얼마나 자고 갈까? 집이 작다고 자녀들이 부모님을 찾아뵙지 않을까? 지금 자녀가 자주 안 오는 이유가 집이 작아서일까? 한번 생각해볼 필요가 있다. 며느리와 손주에게 용돈을 주면 고맙다는 인사라도 받지만, 큰집을 유지하는 것은 현명한 방법이 아니다.

강남에 거주하는 1주택자는 행복할까?

대한민국에서 강남은 가장 살기 좋은 곳으로 손꼽는다. 솔직히 강남의 고가 주택에 살아보지 않아서 잘 모른다. 하지만 무엇을 걱정하는지는 잘 알고 있다. 나는 오프라인 특강을 강남에서도 진행하고, 그곳에 고가 주택을 소유한 분들이 강의를 듣는다. 그들의 자산평가서를 받아보면 고가의 아파트에 살지만 부자가 되기 힘든 여건인 것이 한눈에 보인다.

그분들은 지금 수익형 자산에 투자하는 순간 종부세 폭탄을 맞을 수밖에 없다는 것을 잘 알고 있다. 투자하고 싶어도 기존 고가의 주택을 팔아 다른 곳으로 이사하지 않으면 투자를 할 수 없다. 그런데 지방 또는 강북에 사는 수강생들은 투자의 폭이 넓다. 본인 소유의 집이 공시가격 기준으로 6억이 넘지 않으면 배우자 명의로 수익형 건물을 하나 정도 사는 것은 크게 문제가 없다. 그런 안정적인 주거로 자산의 현금흐름을 충분히 만들어낼 수 있다.

강남에 사는 분들은 계속 집값이 올라 신의 축복을 받은 것 같다. 하지만 신은 공평하시다. 자산에서 나오는 소득을 얻지 못하게 막고 있기 때문이다. 그래도 다행히 똘똘이 키우기를 잘해서 고가의 주택을 소유하고 있으니 이것을 잘 활용하면 더 큰 부와 좋은 현금흐름을 만들어 낼 수도 있다. 하지만 차익형 투자로 재미를 본 사람들은 그보다 힘든 수익형 자산 투자에 관심을 두기가 쉽지 않다. 물론 강남에 사는 분들도 공감은 하지만 실행에 옮기는 것은 어렵다.

노후에 주택연금을 받아 살 것인가?

누구나 행복하고 풍족한 노후를 보내고 싶어 한다. 그러나 우리나라는 세계에서 가장 빠른 속도로 고령화가 진행되고 있다. 선진국처럼 잘 갖춰진 사회복지나 연금 등이 부족하다. 은퇴자금을 제대로 마련하지 못하여 65세가 넘은 노년층 빈곤율이 상당히 높다. 노후자산의 대부분은 집 한 채이고, 현금, 예금, 주식, 채권 등의 금융자산의 비중은 매우 낮다. 그러니 은퇴하고 다른 소득이 없으면 빈곤하게 살 수밖에 없다.

노후에 국민연금을 받으니까 편안하게 살 수 있다고 믿는 사람은 거의 없다. 지금처럼 물가가 계속 오른다면 더욱더 나중에 받을 국민연금의 가치는 낮아질 것이 분명하다.

다행히 군인이나 공무원은 퇴직 후에 연금이 나온다. 일반인보다는 노후 삶의 질이 좋은 듯하다. 공무원이 받는 연금은 통상 250~300만원이라고 한다. 하지만 이 돈만으로는 노후에 그냥저냥 살아갈 수는 있지만 풍족하지는 않다. 공무원으로 일하다가 정년퇴직하고 노후에 매일 돈 안 드는 등산을 하는 분을 알고 있다. 전철이나 시내버스를 타고 갈 수 있는 산에만 오른다. 해외여행은 솔직히 연금을 받아서는 꿈꾸기 어렵다.

그렇다면 일반인들은 어떠할까? 유일한 자산인 아파트를 담보로 연금을 받아 살아가는 것밖에는 없다. 자녀들한테는 미안하지만 상속할 집을 담보로 본인의 노후를 보장받아야 한다. 이것도 주택담보대출이 없어야 가능하다. 아파트 평수 늘리기나 상급지 갈아타기를 하면서 대출이 남아있다면 정년퇴직 후 다시 일해서 대출금을 갚아나가야 한다.

더는 똘똘이 키우기로 노후생활을 해결할 수는 없다. 자산의 총량을 늘리는 것은 중요하지 않다. 수익형 자산에서 나오는 소득을 올려야 한다.

05

투자의 순서와 자산별 수익률도 알아야 한다

우리 주변에는 아파트에 투자해서 시세 차익을 노리고, 주식, 코인 투자로 많은 돈을 한 방에 손에 쥐려는 사람들이 의외로 많다. 이런 분들은 '용주주' 특강을 들으면 좋겠지만, 무작정 투자를 시작하여 큰 손해를 본다.

많은 현금을 보유한 자산가라면 누구나 안전한 수익이 생기는 무언가에 투자하고 싶어 한다. 그러나 투자를 잘못하면 수익이 생기더라도 나중에 자산의 가치가 오르지 않거나, 투자할 때 들었던 설명대로 수익이 실현되지 않아 골머리를 앓는다. 특히 수익형 자산을 운영해본 경험이 없는 사람은 다시는 이런 골치 아픈 투자는 하지 않겠다며 고개를 절레절레 흔든다.

한 방에 건물주가 되겠다고?

내가 사는 평택에 원룸 건물을 소유한 분을 예로 들어 설명하겠다.

이분은 은퇴 후 그간 모아둔 종잣돈과 퇴직금으로 수익형 자산인 원룸 건물(다가구)을 구입했다. 구입 가격도 나쁘지 않았다. 누가 봐도 안전자산의 수익형 투자를 잘했다고 평가할 수 있다.

이분은 건물의 자산 가치가 오르지 않고 수익이 예상보다 작으면 이것을 참아내지 못하고 부동산 중개소에 건물을 팔겠다며 매물로 내놓는다. 심지어는 월세 받기가 힘들다며 내놓기도 한다. 그런데 이상한 점은 매수자가 나타났는데도 매물로 내놓은 건물을 팔지 않는다. 다시 상황이 좋아지고 문제가 해결되어서 안 판다는 것이다. 이분은 마치 양치기 소년 같았다. 3년 동안 여러 차례 매물로 내놓고 거둬들이는 것을 반복했다. 부동산 중개소에서도 이제는 적응했는지, 아니면 이분의 매물을 접수하지 않는 건지는 모르겠지만, 매물이 완전히 사라졌다. 도대체 이분은 왜 그렇게 했을까?

친한 부동산중개인에게 물어보았다. 얘기인즉, 이분은 초등학교 교장으로 정년퇴임하셨는데, 본인이 사는 아파트 외에 처음으로 투자한 것이라고 했다. 남에게 아쉬운 소리도 못 하겠고, 밀린 월세를 달라고 전화하기도 싫어서 그간 힘들게 운영했던 것 같았다. 이제는 어느 정도 적응하여 간단한 수리도 직접 하고 세입자에게 월세도 잘 받는다고 한다. 부동산중개인에게 설명을 들어보니 충분히 이해되었다.

투자할 준비가 안 된 상태에서 곧바로 큰 자산을 사면 감당하기 어렵다. 내가 소유한 건물 중에 가장 규모가 큰 건물에는 상가 1개에 원룸주택이 47개가 있다. 만약 이 건물을 초보 투자자가 산다면 꽤 골치가 아프고 시행착오를 겪을 수밖에 없다.

주변 사람들은 내가 140호나 되는 건물을 혼자, 그것도 사업까지 하면서 관리하는 것을 알면 대단하게 여긴다. 한편으로는 어떻게 그게 가능한지 의아하게 생각한다. 만약 내가 처음부터 140호를 한꺼번에 샀다면, 또는 유산으로 상속받았다면 도저히 감당하지 못하고 관리인을 두었을 것이다. 하지만 조금씩 건물을 사서 늘려나갔고, 그런 과정에서 관리하는 노하우도 익힐 수 있었다. 그 결과, 제조업 회사도 운영하고, 주 3회 이상 강의도 하고, 140호의 관리도 직접 챙길 수 있게 되었다.

사실 예전에는 매주 건물 청소도 손수했다. 믿거나 말거나. 2020년 11월부터 건물 청소를 외주업체에 맡겼다.

나는 아파트 월세부터 시작하여 120억 자산가로 자리매김했기 때문에 140호의 월세를 받거나 문제 있는 곳을 고치고 보수하는데 전문가가 되었다. 하지만 여러분은 수익형 자산을 구입하더라도 나처럼 전문가가 될 필요는 없고, 어디에 연락하면 해결되는지만 알면 어떤 문제든 쉽게 매듭을 지을 수 있다. 이 책에 자세한 운영 방법이 소개되어 있으니 차츰 알아가면 된다.

투자 순서를 정하라

수익형 자산은 얼마든지 있다. 사람들은 한 방에 건물주가 되는 비법을 궁금해하지만, 사실 중요한 것은 따로 있다. '어느 것부터 투자를 시작해야 좋을까?' 바로 이 질문이다!

나 용주주(용수형, 건물주 만들어주!)가 추천하는 투자 순서가 있다. 반드시 지키라고 하지는 않겠다. 이런 순서로 가는 것이 안전하게 부자 되는 길이다.

- **서울 또는 대도시**
  소형 아파트 → 오피스텔 → 원룸(다세대, 다가구, 생숙) 건물 → 큰 오피스텔 건물

- **지방 도시**
  소형 아파트 → 원룸(다세대, 다가구, 생숙) 건물 → 큰 오피스텔 건물

보시다시피 투자 순서를 서울 또는 대도시, 지방 도시로 구분하여 다르게 제시했다. 그 이유는 지방에서는 오피스텔(원룸형)의 시세가 오르지 않고 있기 때문이다. 지방의 오피스텔은 대부분 분양가보다 높은 가격의 매물을 찾아보기 어렵다. 아무리 좋은 투자라고 해도 투자자산의 가격이 하락하거나 보합인 경우에는 실패한 투자와 다름없다. 최소한 물가상승률 이상으로는 올라야 좋은 투자자산이다.

투자 순서를 다른 관점에서도 살펴보자.

소형 아파트는 월세 받기가 매우 쉽다. 대부분 한 가정이 세입자인 경우가 많아서 월세를 거의 밀리지 않는다. 수리해줘야 하는 부분도 별로 없다. 웬만한 수리는 가장이 직접 하고, 보일러나 도어록 교체, 전문 수리를 하는 것을 제외하고는 연락 올 일이 거의 없다. 간단한 수리는 관리사무소에서 해주기 때문에 더더욱 집주인에게 요청하는 일이 없다.

하지만 원룸은 월세를 못 내는 경우가 종종 있다. 원룸에는 월급이 밀리면 월세를 바로 못 내는 사람들이 대부분 거주한다. 빠듯하게 살아가다 보니 아파트와 비교하면 월세가 밀리는 빈도수가 많은 편이다. 아파트 월세는 보증금을 많이 받아 놓아서 몇 개월 미납이 생기더라도 큰 문제가 없다. 하지만 원룸의 보증금은 300~500만 원 정도이고 낮은 곳은 100만 원을 받기도 한다. 그러니 월세가 몇 개월만 밀려도 보증금으로 밀린 월세를 충당할 수 없어서 내보내야 하는 일이 벌어진다.

별것 아닌 것 같지만, 무엇이든 내공이 필요하다. 그래서 순서대로 투자하라는 것이다.

건물을 구입하려면 아파트보다 실제 투자금이 많아야 한다. 종잣돈을 마련하는 기나긴 시간을 허비하지 말고 단계적으로 투자하길 바란다.

만약 갭투자로 아파트를 소유하고 있다면, 다른 투자보다 지금 소유한 갭투자 아파트를 수익형 자산으로 변화시키기를 추천한다. 전세금을 모아서 빼주고 월세로 전환하면 별다른 노력 없이 수익형 자산으로 만들 수 있다. 굳이 다른 자산을 찾아다니지 말고 우선 차익형 자산을 수익형 자산으로 전환하기를 권한다.

투자자산별 수익률은 다르다

수익형 자산은 각각 수익률이 다르다. 각자의 영역을 지키듯 일정한 수익률을 유지하고 있다. 수익률이 높으면 그만큼 단점도 있고, 수익률이 낮은 데는 또 그만한 이유가 있다.

투자상품 수익률 순위

단독주택(3%) → 아파트(4%) → 상가(5%) → 원룸주택(7%) → 태양광발전소(10%)

자산별 장단점이 있으니 하나씩 설명하겠다.

❶ 단독주택

수익률이 가장 낮다. 하지만 땅(토지)의 면적이 어떤 자산보다 높다. 그래서 토지를 시세 상승의 가치로 보고 투자한다.

❷ 아파트

수익률은 4~4.5%로 분포되어 있다. 아파트가 시세 차익 실현에 좋은 자산인 것은 누구나 알고 있을 것이다. 관리사무소가 있어서 유지와 관리가 편리한 자산이기도 하다. 시세 파악이 어렵지 않아서 누구나 쉽게 구입하고 팔기도 수월한 가장 인기 있는 부동산이다.

❸ 상가

수익률은 4~5% 정도이다. 서울과 같은 대도시에는 3%대 수익률이 나오는 상가가 많다. 상가는 공간만 대여하는 상품이라서 어떠한 것도 소유주가 수리해 줄 필요가 없다. 상가 세입자가 나갈 때는 권리금을 받아야 하므로 소유주에게 우호적이고, 세입자가 들어오더라도 소유주는 신경 쓸 필요가 없다. 수익형 자산 중 관리가 가장 쉽다는 장점이 있다.

❹ 원룸주택(다세대, 다가구)

수익률이 6~8% 정도로 높다. 하지만 세입자가 나가고 들어올 때, 세입자가 살고 있을 때도 보수하고 관리해주어야 한다. 수익형 자산 중에 관리가 가장 많이 필요한 자산으로 봐도 무방하다.

❺ 태양광발전소

설치 후 관리가 쉽다. 수익금도 공기업(한전)과 계약하므로 쉽게 받을 수 있다. 일 년에 한두 번 풀만 베어주면 발생하는 문제가 없다. 단점은 설비투자를 하고 20년간 사용하면 수명을 다하기 때문에 감가상각을 하는 것이다. 수익률이 높은 데는 다 이유가 있다.

유일하게 시세 상승이 없고 오히려 시세가 하락하는 자산이다. 부동산 투자라기보다는 사업체로 이해하는 것이 좋을 것 같다.

수익률만 보지 말고 세금도 고려해야 한다

단독주택, 아파트, 상가, 원룸주택, 태양광발전소는 모두 수익형 자산이다. 사업소득 즉 종합소득세를 내야 한다. 법인으로 운영하는 경우를 제외하고 근로소득과 합산하여 종합소득세를 납부한다.

주택은 연간 2,000만 원 이하의 소득은 신고하지 않아도 된다. 하지만 상가는 무조건 신고해야 한다. 부가세도 납부할 의무가 있다.

태양광발전소는 무조건 신고대상 물건이다. 하지만, 정부의 육성 사업이라서 유망하고 세금 감면 혜택도 많이 받을 수 있다. 만약 절세를 목적으로 소득이 없는 사람에게 명의를 변경하면 추가로 의료보험과 국민연금이 부과되므로 이 또한 주의해야 한다.

모든 소득에는 세금을 납부해야 한다. 세금 납부 관점에서 보면, 상가나 생활형 숙박시설, 지식산업센터 등은 종합소득세에 불리하다. 사업용으로 취급하기 때문이다. 하지만 주택이 아닌 사업용 자산은 종합부동산세에 적용받지 않으니 어떤 것이 유리할지는 각자의 자산 상태에 따라서 달라질 수 있다. 이러한 사항들은 얼마든지 달라질 수 있으므로 항상 세법에 관해 이해하고 바뀌는 세법을 숙지해야만 한다.

수익형 자산은 오랜 기간 보유해야 하는 자산이다. 단순히 수익률만 보지 말고 세금도 같이 계산해야 앞으로 남고 뒤로 밑지는 일이 없다. 부자가 되려면 세금을 손금 보듯 빠삭하게 알아야 한다. 탈세를 하라는 의미는 아니다.

06

건물주는 다 쓴다 **자산평가서와 가계부**

단언하건대, 자산평가서와 가계부를 쓰지 않고는 진정한 부자가 될 수 없다. 그것은 마치 전쟁하면서 나의 군사력, 병사 수, 군량미 등을 모르고 전투에 임하는 것과 같다. 이렇게 전쟁하면 백전백패할 것은 자명하다. 매달 자산과 현금흐름을 파악하지 않는다면 부자가 되기를 포기한 것이나 다름없다.

미래를 준비하고 예측하는 일등 공신

내가 미래를 준비하고 예측할 수 있었던 일등 공신은 자산평가서였다. 새해가 되면 자산평가서 파일을 다른 이름으로 저장하여 신규 연도 자산평가서를 만들었다. 그러고는 지난해 마지막 달인 12월을 제외하고 모두 지워 버렸다. 그래야 신년의 자산평가서를 쓸 수 있기 때문이었다. 그런 후에 추가로 하는 작업이 있었다. 올해 연말의 자산평가서를 미리 써보는 일이었다. 연말까지 부채를 어느 정도 상환할지, 자산은 어떤 것을 추가로 구입할지, 저축액과 연금들을 증액하여 기록했다.

나의 자산을 기록하는 것은 나의 미래를 기록하는 것이다. 내가 앞으로 어느 정도 성장할 수 있는지 가늠해보려면 자산평가서를 꼭 써야 한다.

나는 온라인, 오프라인 강의를 할 때마다 빠트리지 않고 자산평가서와 가계부를 작성하라고 권한다. 특히 오프라인 강의를 할 때는 수강생들이 작성한 자산평가서를 쉬는 시간에 일일이 분석해 준다. 대부분 잘 쓰고 있지만 계속 작성할지는 미지수다. 나는 일회성이 아닌 매달 자산평가서를 작성하길 바란다. 왜냐하면, 매달 분석하다 보면 반드시 부자가 되는 길이 보이기 때문이다.

자산평가서 쓰는 법

수강생들이 작성한 자산평가서를 보면, 중복하여 잘못 쓰는 부분이 있다.

❶ 금액을 만 원 또는 10만 원 단위로 쓴다. 심지어 100만 원 단위로

202X년 3월 자산평가서

작성일:201X.6.30

자산	금융자산	저축	종류	이름	예금주	만기일	금액	차액
			일반 예금	○○은행 (신용카드)	강○○	-		
			일반 예금	○○금고 (-통장)	강○○	-		
			일반 예금	○○은행 (메인 통장)	강○○	-		
			< 소 계 >					
		대부	종류	이름		상환일	금액	
			개인대출	서○○	2012년 6월			
			< 소 계 >				₩ -	
		적금	종류	이름		상환일	금액	
			청약저축	청약저축 (○○은행)	강용수	2011.11		
			연금저축	연금 (○○생명)	강용수	2019.5		
			연금저축	연금 (○○화재)	강용수	2011.12		
			퇴직연금	퇴직연금(○○은행)	강용수	2016.1		
			개인사업자공제	○○우산공제	강용수			
			< 소 계 >					
		현금	종류	환율		보유금액	원화합계	
			원화				₩ -	
			GOLD			0KG		
			< 소 계 >				₩ -	
	동산총계		전월				₩ -	
	부동산		종류	명의	매입시기	투자금액	매매시세	
			○○ 상가	○○시 ○○동 102호	2005.12			
			○○ 원룸	○○시 ○○동 xxx	2015.2			
			○○동 주택	○○시 ○○동	2016.6			
			○○ 아파트	○○시 ○○동 ○○APT (1102호)	2018.4			
			< 소 계 >			₩ -	₩ -	
	부동산총계		전월					
자산총액			전월					
부채	은행대출		종류	명의/용도	발생시기	부채총액	현재부채	
			○○은행	○○동 집 대출	2016.6			
			○○○금고	○○상가 (-통장)	2008.6			
			○○은행	신용대출 (-통장)	2017.3.21			
			○○은행	○○동 APT 대출	2016.6			
			< 소 계 >				₩ -	
	개인대출		개인대출					
			개인대출					
			< 소 계 >					
	보증금		종류	용도	발생시기	발생만료일	현보증금액	
			○○○주택	월세보증금	2012.4			
			원룸 (○○)	전월세보증금	2016.2			
			< 소 계 >					
부채총액			전월				₩ -	
순자산			전월				₩ -	

쓰기도 한다. 이렇게 작성하면 자산의 오차가 매우 클 수밖에 없다. 나는 자산평가서에 적을 때 1원 단위까지도 기재한다. 자산에 매달 어떤 변화가 생겼는지 궁금해서 정확하게 작성하려고 노력한다.

❷ 예금 부분이 미흡하다. 예금 항목은 내 통장의 잔고를 적는 것이다. 그런데 대부분 주거래 통장 하나만 작성한다. 우리는 은행 통장이 여러 개 있다. 요즘에는 인터넷 은행인 카카오뱅크, 토스도 있다. 그리고 증권계좌의 잔고도 있다. 이러한 사항들을 빠짐없이 적어야 한다.

❸ 전세나 월세 보증금의 항목을 헷갈리게 적는다. 내가 임차인이면 월세나 전세의 보증금은 자산 항목에 기재해야 하고, 내가 임대인이면 월세나 전세의 보증금은 부채 항목에 적어야 한다.

❹ 신용카드 사용 금액은 어디에 적어야 할까? 이것은 나의 미래 소득에서 미리 앞당겨 쓴 돈이다. 당연히 부채로 봐야 한다. 나의 자산평가서에는 신용카드 사용 금액을 적는 칸이 없다. 신용카드를 사용하지 않기 때문이다. 자산평가서를 작성할 때 일일이 카드 사용 금액을 확인하기 힘들어서 신용카드를 사용하지 않는다. 만약 신용카드를 쓴다면 부채 칸을 추가하고 현재까지 사용한 금액을 입력해야 한다.

자산평가서의 서식은 각자 조금씩 변형하여 사용해도 상관없다. 나 역시도 자산평가서의 서식을 조금씩 변경하면서 쓰고 있다.

나의 자녀가 직장인이 되면 꼭 만들어주고 싶은 것이 바로 자산평가서 쓰는 습관이다. 자산평가서를 작성하는 것이 습관이 되어야 한다. 지속하여 쓰다 보면 자산과 부채를 명확하게 이해할 수 있다.

나는 매달 말일에 작성하고 있지만, 중간중간 자산평가서를 보면서 자산의 변화와 부채 비율을 확인한다. 이를 토대로 부채 비율을 낮추려고 애를 쓴다. 왜냐하면 이제 공격적인 투자를 할 때는 지났고, 자산을 지키고 유지하면서 서서히 불려 나갈 계획이기 때문이다.

미래의 자산평가서를 작성해보면, 인생 플랜과 예상 계획이 얼마나 근접한지 확인할 수 있다. 나는 자산평가서를 이용하여 60세가 될 때까지의 인생 플랜을 세웠고, 처음 작성할 때 예상했던 것보다 훨씬 초과 달성하여 60세에는 더 많은 자산이 만들어질 것으로 기대하고 있다. 여러분도 장기적으로 자산평가서를 쓰다 보면 나와 같은 성과를 얻을 수 있을 것이다.

07

수익형 자산과 **차익형 자산**

우리 부모님 세대가 살던 1970~1990년대에는 어떻게 투자를 했을까?

이때는 금리가 10% 이상이어서 단순히 은행에 적금만 넣어도 높은 소득을 얻을 수 있었다. 종잣돈을 만들기 위해서 적금에 넣었지만, 그렇다고 모든 돈을 저축한 것은 아니었다. 나의 어머니는 당시 은행의 이자가 너무 낮다고 생각하셨는지 더 높은 금리의 계를 들었다. 직장 초년생인 나 역시도 어머니의 권유로 월급을 받으면 계에 부었다. 순번에 따라 다르지만 2년 정도 지나서 곗돈을 받으면 꽤 많은 금액이 모였다. 은행 이자보다 훨씬 두둑했다.

우리는 지금 저금리 시대에 살고 있다. 게다가 낮은 금리의 상품에도 이자소득세를 부과하여 적금을 붓는 것이 투자라고 할 수도 없다. 목돈을 마련하기 위해 단기적으로 은행에 보관하는 수단 정도일 듯하다. 상황이 이렇다 보니 투자를 모르고는 가난에서 탈출하기 힘들다. 다행히 나는 주변 사람들보다 먼저 이런 시장 논리를 이해하고 선투자를 했을 뿐이지 여러분과 비교하여 크게 다를 것도 없다.

투자자산의 종류

우리 자산은 크게 2가지로 분류할 수 있다. 수익형 자산과 차익형 자산이다. 일반인이 투자하는 자산은 대부분 차익형이 많다. 그래서 '투자' 하면 다 차익형이라고 생각한다. 차익형 투자는 자산에 투자한 후에 그 자산을 처분하여 수익을 남기는 것을 말한다.

반면에, 수익형 투자는 자산에 투자하는 동시에 현금흐름이 생겨 매달 나에게 이익을 안겨준다.

수익형 투자는 오랜 시간 매달 수익이 생기지만, 차익형 투자는 투자자산의 가치가 오르고 그 자산을 처분했을 때만 수익이 발생한다. 그래서 나는 차익형 투자를 1회용 투자라고 일컫는다. 다행히 자산의 가치가 오르면 좋겠지만 내려가는 리스크도 있어 손해를 보고 팔거나 오랜 시간 묶여 있는 경우가 종종 있다. 하지만 차익형 투자는 수익형 투자와 비교할 때 빨리 수익을 챙길 수도 있어서 달콤한 투자처럼 여겨지기도 한다. 이론상으로는 투자만 잘한다면 차익형 투자로 부자가 되는 것은 식은 죽 먹기다.

나 역시도 투자를 공부할 때 차익형 투자의 달콤함에 끌려서 여러 가지 방법을 공부했다. 하지만 결국 투자할 수 없었다. 나는 투자를 할 때는 강심장이 아니라 완전 쫄보였다. 힘들게 모아놓은 나의 귀중한 종잣돈을 리스크가 큰 자산에 베팅하고 싶지는 않았다.

차익형 자산

❶ 주식

주식은 차익형 자산의 대표주자이다. 가격이 저평가되었을 때 투자하여 고평가되었을 때 팔면 된다. 이론상 아주 쉬운 투자 방식이다.

하지만 주식 투자는 차익형 투자이기도 하고 수익형 투자이기도 하다. 수익형 투자 방법은 배당주 투자이다. 일부 우량기업은 이익이 나면 매년 주주들에게 배당금을 지급한다. 이 배당금이 예금이자보다 높아서 투자하는 사람들도 있다. 우리나라는 대부분 일 년에 한 번만 배당하지만, 미국에는 분기, 월 배당을 하는 주식도 있어 수익형 투자를 주식시장을 활용하여 할 수도 있다.

다들 아시겠지만, 우리나라의 개미투자자들은 대다수가 차익형 투자 방식으로 주식에 투자하고 있으니 주식은 차익형 자산으로 보는 것이 맞을 듯하다.

❷ 코인(가상화폐)

코인 역시 주식과 같이 차익형 자산의 대표주자이다. 코로나19 상황에서 모든 나라가 각국의 화폐를 많이 찍어내고 있어서, 남아도는 통화가 코인 시장으로 들어가 하나의 저수지가 되었다. 이로 인해 가상화폐의 가격이 많이 올랐다.

젊은 20~30대들은 부동산시장에서 수익을 창출할 만한 자산이 축적되지 않았다. 이제 막 직장에 들어간 사회 초년생들은 가파르게 오른 부동산 가격을 보고 실망하고 좌절했다. 다행히 코인 시장이 생겼으니 그들이 부자가 되거나 종잣돈을 마련하는 기회로 삼았으면 좋겠다. 하지만 코인 투자는 너무 어렵다. 무슨 이유로 오르고 내리는지 감을 잡을 수 없다. 코인 투자 전문가들이 쓴 책을 읽어보면 주식의 주가 분석 방식을 설명하고 있다. 심리적인 상황에서 변화하는 가격 예측 정도이다.

나는 아직까지는 코인 투자를 하지 않는다. 코인의 투자 방향을 종잡을 수 없기 때문이다.

용주주의 투자 제2원칙
"충분히 이해했을 때 투자하라."

나는 이 원칙에 충실하다.

내가 진행하는 오프라인 강의에 30대 초반의 대기업 직장인이 참가

했다. 그분이 자산평가서를 작성하여 제출했다. 자산이라고는 아무것도 없고 '이더리움 30억'이라고 적혀 있었다. 나는 이렇게 물었다.

"자산이 많으신데 왜 강의를 들으러 오셨나요?"

그분은 이렇게 대답했다.

"불안해서 계속 코인 투자를 할 수 없습니다. 이제는 종잣돈을 활용해 용주주님처럼 수익형 자산으로 이동하고 싶습니다."

"잘 오셨습니다. 수익형 부동산 투자 공부를 잘하셔서 다리 쭉 뻗고 주무세요. 응원합니다."

2021년 초, 강릉으로 여행을 갔다. 고등학교 친구와 가족 동반 여행이었다. 점심 식사를 마치고 바닷가를 거닐었다. 바닷가 근처에는 예쁜 커피숍들이 즐비했다. 아내들이 커피 한 잔 하자고 부추겼다. 그때 휴대폰을 들여다보던 친구가 회심의 미소를 지으며 "커피는 내가 쏜다. 가자~"라고 흔쾌히 말했다. 투자한 코인이 지금 60만 원 이상 올랐다고 했다. 우리는 신나게 커피숍으로 향했다.

각자 커피를 주문했다. 친구가 계산을 마치고 자리로 왔다. 그런데 휴대폰을 들여다보던 친구는 금방 슬픈 표정으로 바뀌었다. 코인 가격이 다시 40만 원 떨어졌다고 했다. 씁쓸한 순간이었다.

❸ 아파트

'내로남불'은 내가 하면 로맨스, 남이 하면 불륜이라는 말이다. 아파트가 내로남불의 전형적인 투자자산이다. 아파트 가격이 내릴 줄 모르고 오르는 시기에는 누구나 시세 차익의 달콤한 유혹에 빠지기 쉽다. 그러다 보니 전세를 끼고 투자하는 갭투자가 성행한다.

나도 아파트 투자를 좋아했다. 지금은 아파트 한 채 정도만 보유하고 있다. 내가 투자한 아파트도 남들처럼 가격이 많이 올랐다. 동시에 월세를 준 아파트에서는 매달 수익이 나온다. 매달 고정수입이 발생하면서 시세도 상승했다. 하지만 갭투자를 한 사람들은 아파트 가격이 오른 것에만 만족해한다. 사실 아파트를 팔지 않았기에 시세 차익은 실현되지 않은 것이다.

아파트는 수익형 자산 중 수익률이 낮은 자산이다. 한편으로는 초보자도 쉽게 투자할 수 있고, 시세 상승과 환금성이 좋은 자산이기도 하다. 아파트에 투자할 때는 시세 상승과 월세를 다 잡는 투자를 하길 바란다.

❹ 원유(Oil)

국제 원유시장에서 세계 3대 유종이라 불리는 것이 있다. 두바이유, 북해산 브렌트유, 서부 텍사스산 중질유(WTI)이다. 이것이 국제 원유 거래를 주도하는 3대 원유다. 그중 우리나라는 중동 지역에서 생산하고 가격이 저렴한 두바이유를 사용한다. 원유의 특성상 그때그때 저장된 원유를 구입하지 않고 미리 예약 구매로 거래가 이루어진다. 그래서 우리는 뉴스에서 6월, 12월 인도분이라는 말을 종종 접한다.

코로나19의 팬데믹으로 위기가 닥치자 원유 가격이 바닥을 훑고 마이너스까지 내려간 적이 있었다. 경제 전문가들의 말에 따르면, 원유를 추출하는 데는 최소 20달러의 비용이 든다고 한다. 만약 원유 가격이 20달러 이하로 내려갔다면 원가 이하로 판매한다는 것이다. 그런데도 우리가 사용하는 휘발유나 경유 가격이 반토막 나지 않는 이유는 세금이 많이 붙기 때문이다.

유가가 20달러 이하로 내려간다면, 원유에 투자하여 막대한 이익을 얻을 수도 있다. 그러나 이런 기회는 10년에 한 번 정도 올 것이다. 만약 다시 20달러 이하로 원유 가격이 형성된다면 여유자금으로 투자하길 바란다. 원유 투자는 ETF로 하면 된다.

오래전에 내 강의를 들었던 수강생이 전화했다.

"강의하실 때 원유 가격이 20달러 이하이면 투자해도 괜찮다고 하셨는데, 지금 투자해도 될까요?"

2020년 코로나19가 확산할 때의 일이다. 나는 투자해도 좋다고 알려주었다. 다만, 대출을 받아서 투자하지는 말라고 조언했다. 몇 개월 후 그 수강생은 수천만 원의 이익을 얻었다면서 나에게 골프 티셔츠를 선물했다.

❺ 금

금을 가장 많이 보유한 나라는 미국이다. 이를 바탕으로 제2차 세계대전 이후에 세계 기축통화는 달러가 되었다. 기축통화는 국제간의 결제나 금융거래의 기본이 되는 통화이다. 금을 현금과 같이 취급하게 된 계기는 달러 발권국인 미국이 달러를 태환화폐라고 선언하면서부터이다. 미국은 언제든 달러를 가지고 오면 금으로 기꺼이 바꾸어주겠다고 약속했다. 그렇게 전세계의 기축통화가 탄생했다. 그러나 얼마 안 되어서 미국은 금으로 바꾸어 줄 수 없다고 통보했다.

금은 지금도 현금처럼 쓰이고 있다. 나는 금반지를 맡기고 술을 외상으로 먹던 호랑이 담배 피우던 시절에 살았다. 금값은 계속 올라가고 있다. 물가상승보다 금의 가치가 더 올랐다. 이제는 가격이 너무 올라서 돌잔치에 금반지 선물은 친분이 두터운 사람에게만 한다.

금은 왜 계속 오르는 걸까? 금은 사치품이고 금고에 넣어두는 안전자산이지만 산업현장에서도 많이 쓰이고 있다. 컴퓨터, 휴대폰 등에 금이 들어가는 것은 초등학생도 아는 사실이다. 금은 백금 다음으로 전도성이 가장 높다. 전도성이 높다는 것은 통신 속도에 영향을 준다는 의미다. 그래서 금이 컴퓨터나 휴대폰 부품에 들어가고 5G 기술의 증가로 활용도가 더 높아졌다. 하지만 채굴의 한계에 도달하고 있다.

금값이 왜 오르는지를 이해하면 투자하기 쉽다. 금은 두려움을 먹고 자라는 자산이다. 안전자산으로 1등인 금은 위기 상황, 두려움, 공포 등이 확산할 때 가격이 급등한다. 금값이 급속도로 많이 오른 시기는, 내 기억으로는 도널드 트럼프가 대통령으로 당선되었을 때였다. 이때 3일간 미친 듯 금값이 상승했다. 대다수가 예측하지 못한 일이 초강대국 미국에서 벌어지니 전세계 금값이 폭등했다. 앞으로 금값 상승의 예상 시나리오는 중국이 대만을 침공하든지, 미국에서 대규모 테러 등이 일어날 때가 아닐까.

❻ 땅(토지)

우리 아버지 세대는 돈 있으면 무조건 땅을 사라고 말씀하셨다. 땅값은 어지간해서는 내려가지 않는 자산이다. 기획부동산에 사기를 당하지 않는 한 땅을 사서 손해 본 사람을 찾아보기 힘들다. 그런데도 나는 땅에 투자하지 않는다. 그 이유는 반드시 오르지만 언제 오를지 모르기 때문이다. 어쩌면 이번 생에는 안 오를 수도 있는 자산일지도 모른다. 땅은 내가 사서 자녀가 수익을 챙길 수 있는 자산이다.

땅은 서서히 오르지 않는다. 어느 순간에 갑자기 오른다. 오랜 시간을 기다릴 수 있는 여유자금이 많다면 투자해도 상관없다. 부동산 자산 중에 현금화하기 가장 어려운 것이 바로 땅(토지)이다. 그리고 투자 후에 농사를 짓기 전에는 아무것도 나오지 않는다. 나는 이런 투자를 싫어한다. 예측할 수 없는 길고 긴 시간을 낭비하고 싶지 않다.

수익형 자산

투자하는 순간 수익이 발생하는 자산은 모두 수익형 자산이다. 수익형 자산에는 여러 종류가 있다.

> 아파트(월세), 주택(월세), 주식(배당금을 목적으로 한 투자), 지식산업센터, 상가, 다가구주택, 다세대주택, 생활형 숙박시설 등

❶ 아파트(월세)

아파트는 수익형, 차익형을 동시에 누릴 수 있는 좋은 자산이다. 특히 초보 투자자에게 추천하는 수익형 투자상품이다. 하지만 재개발 아파트의 경우는 다르다. 재개발 아파트에 투자하여 월세를 받고 있다고 해도 사실 수익형보다는 차익형의 비중이 높다고 볼 수 있다. 재개발 아파트에서는 가격 대비 매우 낮은 월세를 받을 수밖에 없으니 높은 시세차익을 기대하며 투자한다. 그러므로 재개발 아파트는 수익형에서 제외하는 것이 좋다.

일반적인 아파트를 수익형 투자자의 눈으로 보면 매매가 대비 높은 월세를 받는 아파트 즉 수익률이 높은 아파트를 찾을 수 있다. 그런 아파트는 시세 상승도 기대할 수 있다.

❷ 상가

상가에 투자한다고 하면, 상가건물을 통째로 구입하는 것이 아니라 대부분 구분상가 또는 신규로 분양하는 상가를 떠올릴 것이다. 구분상가란 층이나 호와 같이 일정 규모별로 구분등기가 가능한 상가를 말한다. 과연 이러한 구분상가나 신축 상가에서 수익이 나올까?

분양사에서 처음에 설명한 금액의 절반만 나와도 성공일 것이다. 대부분 대출금 이자를 겨우 낼 정도의 수익이 나온다. 투자자들은 왜 상가에 투자하면서 이런 실수를 하는 것일까? 아직 입점하지 않은 상태에서 청사진만 보고 투자하기 때문이다. 이것은 분양사의 희망사항일 뿐 상가가 완공되면 그 희망은 무너지고 만다.

상가는 매우 관리하기 쉬운 수익형 자산이다. 상가는 공간만 대여하는 상품이다. 간판부터 내부 인테리어까지 모두 세입자가 해야 한다. 세입자가 폐업하면 당연히 원상복구를 해야 하므로 임대인이 신경 쓸 것이 없다. 임대인은 매달 세금계산서만 발급하면 된다. 그리고 임차인은 폐업하더라도 권리금을 받기 위해서 다른 세입자를 찾아 임대인에게 인계하고 간다. 하지만 이것은 상권이 활성화되었을 때의 기준이다. 만약 세입자가 망해서 나가면 다른 세입자와 계약하기 전까지는 관리비를 임대인이 납부해야 한다.

아파트와 상가의 매매가는 다르게 형성된다. 아파트는 매매가 대비 전세, 월세의 가격이 확정되어 있지 않다. 월세나 전세 가격을 낮게 받는다고 해서 아파트 매매가에 변동이 없다. 하지만 상가의 경우는 다르다. 예를 들어 매매가 10억 원의 상가를 구입하여 매달 400만 원의 월세를 받는다고 가정해보자. 대략 5%의 수익이 발생한다. 그런데 400만 원에 월세가 안 나가서 200만 원으로 낮췄다면 수익률은 2.5%로 떨어진다. 그렇다면 상가의 가격은 10억이 아니라 5억 원으로 낮아진 것이다.

상가는 아파트와는 달리 필수 재화가 아니다. 그래서 수익률로 거래된다. 400만 원에서 200만 원으로 월세를 낮추는 순간 10억 원의 상가는 5억 원으로 가치가 낮아진다.

상가 투자의 또 하나의 단점이 있다. 구입하는 순간 임대사업자 등록을 해야 하므로 세금을 납부하게 된다. 근로소득이 있다면 합산하여 세율을 적용한다. 당연히 높은 소득세를 납부한다. 재산세 역시 주택과 비교해 높고 유지 비용도 많이 들어간다.

❸ 지식산업센터

지식산업센터는 상가와 대부분 유사하다. 지식산업센터는 예전에 아파트형 공장이라고 불렸다. 어느 순간부터 멋진 이름인 지식산업센터로 변경되었다.

지식산업센터는 투자하기 너무 쉬운 자산이다. 본인이 입점하면 매매가의 90%까지 대출을 받을 수 있고, 임대하면 80%까지 대출이 가능하다. 초보 수익형 투자자는 이런 조건에 귀가 솔깃하다.

하지만 지식산업센터는 도심의 밀집 공업지역에 가능한 투자 형태이다. 주택이 밀집되면 아파트를 지어 분양하듯, 공장지역도 밀집되면 아파트형 공장인 지식산업센터를 만들어 분양한다. 도심의 밀집 공업지역은 투자처로 나쁘지 않다. 하지만 지방의 지식산업센터는 어떠한가? 도심이나 공업지역에서 멀리 떨어진 허허벌판에 건설하고 분양한다. 이런 곳에는 세입자를 찾기가 어려워 공실이 많다. 월세를 낮추어 다행히 세입자가 온다고 해도 지식산업센터의 시세는 점점 하락한다.

'용주주' 특강에 평택 고덕신도시에 지식산업센터를 분양받은 분이 참석했다. 이분은 계약금 3,000만 원을 이미 납부했고 중도금 내는 날을 앞두고 있었다. 그런데 내 강의를 듣더니 지식산업센터를 팔고 싶다고 했다. 나는 걱정이 되어 인근 부동산 중개소에 문의했다. 현재 -3,000 피가 붙었다고 한다. 이렇다면 이미 낸 계약금과 다른 수요자에게 넘기는 비용이 같은 것이다. 이러한 사실을 수강생에게 차마 전달할 수 없어서 공인중개사 연락처만 알려주고 상담하라고 했다.

❹ 생활형 숙박시설(레지던스)

생활형 숙박시설은 3가지로 볼 수 있다. 호텔형, 아파트형, 원룸형이 있다.

• 호텔형

호텔형은 매우 위험한 투자 형태이다. 지금까지 레지던스가 성공한 사례는 단 한 건도 없다. 레지던스는 숙박용 호텔과 주거용 오피스텔이 합쳐진 개념이다. 멀리 볼 것도 없이 평택시만 봐도 평택항 근처 상업지역에 생숙 호텔이 있다. 이름을 멋지게 지은 라마다 호텔이다. 하지만 지금은 폐업 상태이다. 건물 출입구는 쇠사슬로 감겨 있고 각종 연체고지서가 꽂혀 있다.

그런데 이상한 점이 있다. 이 상업지역에 다른 비즈니스호텔은 성업 중이다. 왜 그럴까? 소유주와 운영 주체가 같고 전문가가 경영하기 때문이다.

레지던스처럼 소유주가 많고 운영의 주체는 한 곳인 사업구조는 망할 수밖에 없다. 운영 주체가 열심히 일하지 않을뿐더러 전문 경영인 없이 호텔업은 불가능하다. 호텔은 투자가 아니라 경영의 영역으로 보아야 한다.

• 아파트형

아파트형은 부산 해운대에 많고 도심지역에 간간이 있다. 주택으로 보지 않으므로 청약이 필요 없고, 주택 수에도 잡히지 않아서 아직도 많은 투자자가 몰리고 있다. 하지만 수익형 자산으로 보기는 어려우니 각자 판단하길 바란다.

• 원룸형

원룸형은 내가 좋아하는 투자처이다. 수익형 원룸 투자인 셈이다. 현재 대출이 자유로워서 실제 투자금이 낮은 상태다. 종잣돈이 부족한 투자자에게는 안성맞춤 상품이다. 주차대수가 많이 필요 없으므로 적은 토지에 건설할 수 있고 건설비도 적게 들어가는 좋은 투자처이다. 하지만 단점이 있다. 주거 형태로 보지 않아서 취득세가 높고 재산세 또한 많다. 유지할 때 상가나 지식산업센터처럼 소득 신고를 반드시 해야 하는 불편함도 있다. 즉 종합소득 합산 적용이므로 세금 부분을 고려하고 검토해야 하는 자산이다. 법인을 활용해 투자한다면 결과가 좋을 수도 있으니 관심 있는 분들은 법인 투자의 방법을 검토하길 바란다.

❺ 다세대, 다가구 원룸

나는 다가구, 다세대 투자를 좋아한다. 내 자산의 대부분을 여기에 투자했다. 앞으로도 더 많은 투자를 하고 싶지만, 현재 법규상 주택을 개인이 추가로 보유하기는 어려운 상황이다. 법인 또한 주택에 투자하는 길이 막혀 있다. 하지만 이러한 정책이 오래가지 않을 것을 나는 알고 있다.

주택 가격이 계속 최고가를 경신하고 있어 정부에서 각종 규제책을 만들었지만, 이것이 수익형 투자자의 발목을 잡기 위한 것만은 아니다. 부동산이 안정되고 조정지역이 해제되면 해결될 문제다. 낙심하지 말고 수익형 부동산 투자 방법을 꾸준히 공부하길 바란다.

부동산 규제책은 조금씩 완화의 움직임이 보인다. 규제가 풀리면 공부를 시작할 것이 아니라 앞으로 규제 완화를 예상하고 지금 미리 투자를 공부해 준비해 놓아야 한다. 우리의 목표는 막차를 타지 않고 첫차를 타는 것이다.

2장

수익형 자산 건물 구입하는 법

08

부동산 대책이 나오면 기사만 보지 말고 원문을 이해하라

부동산 투자자들에게 2020년은 악몽 같은 해였다. 부동산 가격 특히 아파트 가격이 폭등하자 정부는 7.4 종합부동산 대책을 통해 강력한 부동산 투자 규제책을 공표했다. 이런 일은 여러 번 있었지만, 설마 했던 일이 벌어졌다. 부동산 대책의 주요 핵심은 2가지다.

첫째, 대출 규제다. 대출을 규제하여 진입장벽을 높이겠다는 것이다. 이런 대출 규제는 종잣돈이 부족한 서민들을 부동산시장에서 퇴출하는 방법이다. 그래도 약발이 먹히지 않으면 중산층까지 진입을 못 하도록 막는 초강도 대책을 발표한다. 결국 현금이 많은 부자들만 시장에서 편하게 차익을 얻는 구조가 된다. 서민과 중산층은 돈을 벌기가 더욱 힘들어진다.

둘째, 세법 개정이다. 정부는 세법을 강화하여 서민, 중산층 그리고 부자까지 부동산시장에 진입을 못 하도록 막는 정책을 편다. 이러한 정책은 부동산이 폭등하면 정부가 서민 실수요자 보호를 위해 시행한다.

정부의 초강도 부동산 대책

부동산 전문가들은 정부의 초강도 부동산 대책에는 퇴로가 없다고 말한다. 나 역시도 그 말에 공감한다. 정부의 부동산 대책이 나오면 부동산 지식이 풍부하고 노련한 부자들은 발 빠르게 대처한다. 부자들은 정책의 틈새를 이용하여 미꾸라지 빠져나가듯 한다. 하지만 일반 서민은 다르다.

궁지에 빠진 쥐는 고양이를 문다. 막다른 지경에 이르게 되면 약한 자도 마지막 힘을 다하여 반항함을 이르는 말이다. 정부는 퇴로를 만들어놓고 대책을 세워야 유도한 방향으로 국민들이 살 수 있는데, 퇴로를 차단하고 궁지에 몰아넣기만 한다. 그러니 궁지에 몰린 국민들이 단합하여 예측 불가한 행동을 하는 것이다.

부동산 세제 강화

부동산 관련 세금은 크게 3가지다. ❶ 부동산 취득 과정에서 발생하는 '취등록세' ❷ 부동산 보유 과정에서 발생하는 '재산세'와 '종합부동산세' ❸ 부동산 매도 시 차익에 대해 발생하는 '양도소득세'로 나눌 수 있다.

❶ 취등록세

정부에서는 대부분의 국토를 조정지역으로 묶어 놓고 2주택자 8%, 3주택자 12%의 세금을 납부하라고 한다. 법인은 12%를 적용받는다. 세금을 올렸으니 돈 없으면 부동산시장에 들어오지 말고 빠지라는 것이다. 특히 법인은 이제 다주택을 보유하지 말라는 것과 같다.

<table>
<tr><th>취득원인</th><th>구분</th><th>조정지역</th><th>非조정지역</th></tr>
<tr><td rowspan="6">유상</td><td rowspan="3">1주택</td><td colspan="2">• 6억 이하: 1%</td></tr>
<tr><td colspan="2">• 6억 초과 9억 이하: 1~3%</td></tr>
<tr><td colspan="2">• 9억 초과: 3%</td></tr>
<tr><td>2주택</td><td>8%
(일시적 2주택 제외)</td><td>1~3%</td></tr>
<tr><td>3주택</td><td>12%</td><td>8%</td></tr>
<tr><td>법인·4주택~</td><td>12%</td><td>12%</td></tr>
<tr><td rowspan="2">무상(상속제외)</td><td>3억 이상</td><td>12%</td><td>3.50%</td></tr>
<tr><td>3억 미만</td><td>3.50%</td><td>3.50%</td></tr>
</table>

취득세율 계산 기준(2020년 7.10대책)

종류		구분	취득세(%)	농특세(%)	교육세(%)	합계(%)
1주택 (일시적 2주택)	6억 이하	85㎡ 이하	1	-	0.1	1.1
		85㎡ 초과	1	0.2	0.1	1.3
	6억 초과 9억 이하	85㎡ 이하	Y= 2/3X -3 Y: 세율(%) X: 거래금액(억)			1.01~2.99 +농특세/교육세
		85㎡ 초과				
	9억 초과	85㎡ 이하	3	-	0.3	3.3
		85㎡ 초과	3	0.2	0.3	3.5
2주택 (非조정 3주택)	-	85㎡ 이하	8	-	0.4	8.4
		85㎡ 초과	8	0.6	0.4	9.0
3주택 (非조정 4주택)	-	85㎡ 이하	12	-	0.4	12.4
		85㎡ 초과	12	1.0	0.4	13.4
법인	-	85㎡ 이하	12	-	0.4	12.4
		85㎡ 초과	12	1.0	0.4	13.4
주택 외	-	-	4	0.2	0.4	4.6

❷ 종합부동산세

종합부동산세는 다주택자에게는 벌금과 같은 세금이다. 가장 무서운 이유는 매년 납부해야 하기 때문이다. 한번 납부하기 시작하면 공시지가가 계속 올라서 매년 급속도로 세금이 늘어날 수밖에 없다. 2021년 12월 종합부동산세 고지서가 발급되고 불만의 소리가 여기저기서 터져 나왔다.

종부세 부과 기준은 재산세와 같이 6월 1일이다. 그전에 종부세를 미리 계산해보고 방향성을 찾아야 한다. 고지서를 받고 그때 가서 놀라고 후회해서는 안 된다. 이미 고지서가 나온 뒤에는 해결 방법이 없다. 나에게 좋지 않은 정책이라도 정부를 탓하기 전에 발 빠르게 이해하고 이성적으로 해결책을 마련해야 한다. 법인의 종부세율은 상상을 초월한다. 개인에게는 인당 6억의 기본공제가 있지만, 법인은 그런 것도 없다. 절세를 위해 공부해서 법인을 만들었더니 완전 세금폭탄이라니!

종합부동산세 세율 인상

	2주택 이하			3주택 이상, 조정대상지역 2주택		
	2020년	**2021년**		2020년	**2021년**	
3억 이하	0.5%	0.6%	3.0% (법인)	0.6%	1.2%	6.0 (법인)
3억 초과 ~ 6억 이하	0.7%	0.8%		0.9%	1.6%	
6억 초과 ~ 12억 이하	1.0%	1.2%		1.3%	2.2%	
12억 초과 ~ 50억 이하	1.4%	1.6%		1.8%	3.6%	
50억 초과 ~ 94억 이하	2.0%	2.2%		2.5%	5.0%	
94억 초과	2.7%	3.0%		3.2%	6.0%	

❸ 양도소득세

양도소득세의 경우는 2020.7.4 부동산 대책 이전, 1년 미만에 양도하는 주택은 70%, 2년 미만은 60%를 부과하겠다고 이미 공표해놓은 상태다. 물론 양도차익에 대한 세금이지만 놀라운 세율임에 틀림없다.

부동산 대책의 원문을 이해하라

정부의 부동산 대책이 발표되는 날에는 분주한 하루를 보낸다. 정책과 관련한 기사를 읽고 전반적인 방향을 이해한다. 아마도 다주택자나 부동산 투자에 관심 있는 분들은 모두 나와 똑같이 할 것이다.

나는 구체적으로 한 가지를 더 살펴본다. 국토부 홈페이지에서 부동산 대책 원문을 출력하고 줄을 그어가면서 정독한다. 이렇게 하면 기사 내용에 없는 중요한 힌트를 얻는다. **무엇이든 해결책은 반드시 있다. 정부의 부동산 대책은 원문에 다 나와 있고 그 방향대로 밀고 나간다. 간추린 기사만 보지 말고 반드시 원문을 읽어야 투자의 방향과 전략을 세울 수 있다.**

예를 들어 설명하겠다. 7.4 부동산 대책은 취등록세와 종부세의 변경이 주요 골자이다. 취등록세에 관한 내용을 원문에서 보면, 보도자료에 없는 것이 눈에 띈다. 1억 이하의 주택에는 적용하지 않고 기존 세율에 따른다고 되어 있다. 나는 이것을 보고 유레카를 외쳤다. 앞으로 소형주택에 투자가 시작될 것을 예상했다. 하지만 나는 소형 아파트 투자에는 관심이 없었다. 투자를 문의하는 주변 지인들에게 소형주택 공시가격 1억 이하의 주택을 구입하라고 권유했다. 덧붙여서, 절대 갭투자를 하지 말고 월세를 받아 현금흐름을 만들어야 한다고 조언했다. 지인들은 내가 추천한 1억 이하의 주택을 구입했고 많은 시세 차익을 얻었다.

지금은 누구나 알고 있는 1억 이하 주택 투자이지만, 과연 나는 이러한 투자 시기와 방법을 언제 알았을까? 이것이 중요한 포인트다.

2021년 6월부터 1억 이하 주택의 상승세가 시작되었다. 웬만한 사람들은 구전으로 정부가 내놓을 대책을 듣고 이해했다. 부동산 대책이 나온 후에 뒤늦게 알게 된 사람들은 그제야 1억 이하 주택에 투자하려고 달려들었다. 하지만 시세가 많이 올랐고 지금은 막차의 기운이 맴돌고 있다. 왜냐하면 1억 이하의 아파트 가격이 급상승해서 이제 2억에 육박하는 금액에 거래되기 때문이다. 만약 2022년 초에 공시가격이 바뀌면 당연히 1억 이상 주택으로 변경될 것이다. 그렇다면 취등록세가 저렴한 주택이 아니고 아무도 투자하지 않는 자산이 될 것이 분명하다. 투자를 공부하지 않는 사람은 막차를 탈 수밖에 없다.

09

지금 좋은 투자처는 **다가구일까, 다세대일까?**

수익형 투자를 준비하는 분들은 다세대, 다가구주택 투자를 공부한다. 이런 투자자들은 장기투자를 전제로 하므로 부동산 매도 시 차익에 대해 발생하는 양도소득세에는 관심이 높지 않다. 다만, 정부가 공표한 부동산 대책에서 취등록세와 종부세의 인상이 커서 투자를 미루고 있다.

다가구와 다세대의 차이

주택법상 주택은 단독주택과 공동주택 2가지로 나뉜다.

- **단독주택**
  단독주택, 다중주택, 다가구주택, 공관 등이 있다.

- **공동주택**
  아파트, 연립주택, 다세대주택, 기숙사 등이 있다.

단독주택은 해당 건물의 소유주가 1명(공동소유일 경우 2명)이고, 건물 내 각 호실이 분리되어 있어도 전체 건물의 소유주는 1명이다.

반면에, 공동주택은 하나의 건물에 다수의 소유주가 있고, 각 호실이 부동산 재산으로 인정되고 거래도 세대별로 이루어진다.

이 중 사람들이 헷갈려 하는 것이 다세대주택과 다가구주택이다. 가장 큰 차이점은 '소유주 구분'이다. 단독주택에 속하는 다가구주택은 소유주가 1명으로, 단독 등기만 가능하다. 반면에 다세대주택은 소유주가 다수이고, 각 집마다 개별 등기를 할 수 있다.

쉽게 말하면, 다가구는 주택 수가 하나이고, 다세대는 각 호실을 1주택으로 보기 때문에 10호가 있다면 10주택을 소유한 것이다.

예전에는 다가구, 다세대에 투자할 때 여러 조건을 염두에 두지 않고 투자를 했던 것 같다. 단지 취등록세만 아주 조금 차이가 났기 때문이다. 그런데 7.4 부동산 대책 이후 계산이 어려워졌으므로 잘 이해해야 올바른 투자를 할 수 있다.

❶ 다가구주택 투자

다가구주택은 기존 주택이 있다면 2주택이 되므로 8%의 취등록세를 납부해야 한다. 무주택이거나 기존 주택을 처분하고 주인 세대로 들어가면 쉽게 투자할 수 있다. 하지만 무주택자가 다가구주택을 구입하는 경우는 흔치 않다. 대부분 투자를 생각하는 사람들은 다주택자이거나 최소한 본인이 거주하는 주택을 보유하고 있다. 그렇기에 다가구주택을 무주택자가 구입하는 것은 말처럼 쉬운 일이 아니다.

❷ 다세대주택 투자

다세대주택에 10호가 있다면 10주택을 소유한 것이다. 그래서 구입할 때 10호 중 1호는 1주택으로 취등록세를 내고, 2호는 2주택, 3호부터는 다주택으로 본다. 다시 정리하면, 무주택의 조건으로 보더라도 1호는 1%, 2호는 8%, 3호~10호는 12%의 취득세를 내야 한다. 너무 과한 세금인 듯하다.

하지만 우리가 모르는 사실이 숨어 있다. 다세대주택은 각 호실로 개별 등기가 되기 때문에 모두 공시가격 1억 원 이하 주택으로 본다. 다세대주택의 가격을 각 호실로 나누어 보면 7,000만 원에서 1억 원이다. 시세가 그렇다면 공시가격은 50%인 3,500~5,000만 원쯤 된다. 다세대주택의 공시가격이 1억 원이 넘는 것은 거의 없다.

종합해보면, 다세대주택이 10호라고 가정했을 때 1호~10호까지 각각 1% 취득세만 납부하면 된다. 만약 10억 원으로 10호의 다세대건물을 구입한다면 취득세는 1%인 1,000만 원만 납부하면 되는 것이다. 내가 2주택이든 다주택이든 상관없이 1% 취득세만 납부하면 되니 얼마나 좋은 투자처인가?

다세대주택의 종합부동산세

만약 공시가격 5억 원 주택을 보유하고 있는데, 시세 10억 원, 공시가격 5억 원짜리 다세대주택을 구입하고 싶다면?

본인의 거주 주택이 남편 명의로 되어 있는 경우에 이번에 구입하는 다세대주택은 아내 명의로 사면 종합부동산세를 납부하지 않는다. 종부세는 인별 과세다. 인별 공시가격 6억 원을 초과했을 때 내는 세금이 종부세임을 명심하라. 남편의 자산 5억, 아내의 자산 5억이므로 종부세를 납부하지 않아도 된다.

유용한 팁을 하나 더 알려주겠다. 남편의 주택이 공시가격 5억인데 다세대 건물이 공시가격 7억인 경우에는 다세대 계약 시 일부 호실은 남편 명의로 등기하면 된다. 즉 아내가 6억, 남편이 1억을 등기하면 된다. 다세대는 등기권리증이 각 호실마다 각각 발부되기 때문에 나누어 구입하면 종부세 부담을 줄일 수 있다.

용주주 유튜브를 본 분들은 투자처가 다가구만 가능하다고 말했던 것을 기억할 것이다. 유튜브 특성상 고급정보를 알려주고 싶어도 악성 댓글이 많아서 전달하기가 어렵다. 유튜브를 보고 다세대에 투자하기 힘들다고 판단했다면 지금부터는 다르게 생각하길 바란다.

돈이 없지 투자처가 없나

나를 원룸 140호 운영하는 주택임대사업자로 아는 분들이 많다. 사실은 그렇지 않다. 쉽게 원룸 140호로 소개했을 뿐이다. 나는 원룸 주택, 주거용 오피스텔, 생활형 숙박시설, 태양광발전소, 상가, 아파트 등을 소유하고 있다. 매달 140곳에서 임대료 또는 사업비 등이 들어온다. 대다수가 원룸 형태의 주택 또는 상업자산이다.

주택에만 답이 있는 것은 아니다. 상업용 오피스텔이나 생활형 숙박시설(원룸형)을 구입하면 얼마든지 주택 수에 포함 안 된 자산을 소유할 수 있다. 법인 투자를 갈망하는 분에게는 강력하게 추천하고 싶다. 법인의 경우 주택을 구입하지 못하게 취등록세 12%, 종부세 6%로 강력하게 규제하고 있다. 그러나 상업용 오피스텔이나 생활형 숙박시설은 규제에서 자유로운 편이고 대출 규제도 피해갈 수 있다. 지금도 얼마든지 대출이 가능하다.

주의할 점은 앞에서도 설명했듯 호텔형(숙박업)이나 아파트형을 구입하지 말라는 것이다. 상업용 오피스텔이나 생활형 숙박시설에 투자할 때는 한 호씩 분양하는 물건이 아닌 통으로 내놓은 건물을 구입해야 한다. 한 호씩 분양하는 자산들은 지방의 경우 시세 차익을 얻기가 어렵기 때문이다.

10

수익형 투자자는 2012년과 2021년을 기억하라

원룸(다세대, 다가구) 투자에서 수익률은 매우 중요하다. 수익형 자산은 매달 발생하는 수익과 부동산 시세 차익을 모두 누릴 수 있는 좋은 투자처이다. 그래서 수익 50%, 차익 50% 정도 생각하고 투자처에 임장을 간다.

임장을 가서 매물조사서를 받아 수익률표를 만들어 보면, 이상하게 어느 시점에서 수익률이 변화하는 것을 알 수 있다. 이것이 2012년에 주목해야 하는 이유다. 2012년 이전에 건축한 건물은 수익률이 높고, 그 이후에 건축한 건물은 수익률이 낮다.

2012년을 주목해야 하는 이유

우리나라의 주택법은 2012년에 변경되었다. 2012년 이전에는 다세대, 다가구주택을 건축할 때 세대(호실)당 0.7대의 주차 공간을 확보하면 되었는데, 그 이후에는 세대(호실)당 1대로 주차 기준이 강화되었다.

다세대, 다가구주택을 지을 수 있는 땅은 주거지역을 기준으로 80~90평이 일반적이다. 도시에 택지지구가 생기면 주택토지공사(LH)에서는 땅을 80~90평으로 잘라서 분양한다. 80~90평 사이의 주택은 지하 주차장을 확보할 수 없어서 대부분 1층을 주차 공간으로 사용하거나, 1층에는 1~2호 정도만 짓고 나머지는 주차 공간으로 활용한다. 그래서 주택가를 가보면 대부분 1층은 기둥만 덩그러니 있고 이중주차를 할 수 있게 만들어놓은 집들이 많다. 바닥 면적에 주차할 공간은 한정적이다. 80~90평의 경우 주차대수는 8~10대 정도이다. 코너 주택은 10대, 일반 주택은 8대가 고작이다.

2012년 이전 기준으로 보면 0.7대의 주차 공간을 확보해야 한다. 8대를 주차할 경우 11호, 10대를 주차할 경우 14호를 만들 수 있다. 호수가 많은 집이 수익률이 높은 것은 당연하다. 11호에서 14호의 원룸을 더 지을 수 있기 때문이다. 건축할 때는 최대한 주차대수를 늘릴 수 있는 땅이 좋은 땅인 것이다.

반면에, 2012년 이후 지어진 주택의 경우는 어떨까? 세대(호실)당 1대의 주차 공간이 필요하므로 주차대수가 8대면 8호, 10대면 10호만 지을 수밖에 없었다. 그래서 좀 더 수익률을 높이기 위해 원룸과 투룸을 조합하여 건설하기 시작했다.

수익률의 차이

2012년 이전과 이후의 건물은 외관 사이즈는 동일하다. 하지만, 2012년 이전의 집들은 원룸이 대부분이고, 2012년 이후의 건물은 원룸과 투룸의 조합형이다.

예를 들어 설명하겠다. 원룸 1호의 월세가 40만 원이라고 가정해보자. 투룸은 원룸의 2배 면적을 사용하니 80만 원을 받아야겠지만 사실 시장에서는 60만 원밖에 받을 수 없다. 그 이유로 수익률에 차이가 나는 것이다.

2013년에 지은 건물도 잘 확인해야 한다. 빠른년생이 있기 때문이다. 초등학교 입학 시기가 3월 1일 기준이라 1~2월생들은 1년 빠르게 학교에 입학했다. 나도 빠른년생이라 잘 알고 있다. 건물도 빠른년생이 있다. 건축법이 바뀌는 것을 알고 건축허가는 2012년에 받아놓고 2013년에 건축한 경우다. 임장 나갈 때 도움이 되길 바란다.

이런 대대적인 주택법 강화로 우리나라의 다세대, 다가구주택은 2014년에는 거의 건축하지 않았다. 수익률 차이가 많이 나서 소규모 건축업자들이 건축을 하지 않았다. 2015년부터 서서히 원룸과 투룸의 조합형 건물들을 짓기 시작했다.

결론적으로 보면, 2012~2013년도식의 건물은 수익률이 높은 원룸만 있는 건물 중 가장 신상 즉 젊은 건축물인 것이다. 나는 다세대, 다가구 건물을 구매하면서도 이러한 사실을 전혀 알지 못했다. 이상하게 내가 소유한 건물이 유독 2012년도 건물이 많아서 그 이유를 확인하면서 알게 된 사실이다. 내가 좋다고 생각한 물건은 수익률이 높은 물건이었다. 그중에서 가장 젊은 건물을 구입하는 것은 당연한 것이다.

2021년을 주목하라!

2021년에는 무슨 일이 있었을까?

2021년 10월 14일은 생활형 숙박시설을 오피스텔로 변경할 수 있도록 규제를 완화한 날이다. 이날을 기준으로 분양공고 분까지는 건축법 제16조에 따라 오피스텔로 허가사항의 변경을 할 수 있도록 건축 기준이 완화되었다. 신규시설은 생활형 숙박시설 용도에 적합하게 건축될 수 있도록 별도의 건축기준을 제정하기로 했다.

위의 글을 읽고 어떤 생각이 들었는가? 여러분의 재테크 지식을 활용해 어떤 것이 좋아졌는지 한번 상상해보자.

기존의 생활형 숙박시설은 오피스텔보다 많은 규제 완화를 했다.

	오피스텔 건축기준	생활형 숙박시설
발코니	설치 제한	제한 없음(단, 발코니 확장 불가)
바닥난방	85㎡ 이하만 바닥난방 가능	제한 없음
전용 출입구	다른 용도와 복합으로 건축하는 경우 전용 출입구 별도 설치 필요	제한 없음
전용면적 산정 방식	안목치수로 산정	중심선 치수로 산정

특히 주차 부분에서 많은 이득을 보았다. 호수당 주차대수의 의무 규정 없이, 토지 면적당의 주차대수 규정으로 건축하고 있어 많은 주차 공간이 필요하지 않아서 비용을 절약할 수 있었다. 비용이 절약되었다는 것은 저렴하게 공급할 수 있는 이점이 있는 것이다.

이렇게 완화된 규정으로 지어진 생숙을 오피스텔로 일시적 전환해준다는 것은 2021년 10월 이전 생숙은 이제 오피스텔로 2년간 자유롭게 변환된다는 의미다. 이런 저렴한 오피스텔을 다시는 지을 수 없는 한정재화가 탄생한 것이다. 즉 기존 생숙 건물(원룸형)은 가격이 오른다는 것을 시사한다. 앞으로 지어질 생숙은 이제 숙박업을 등록해야만 하는 전형적인 숙박업이 되는 것이나 다름없다. 기존 생숙이 오피스텔이 되는 셈이다. 기존의 오피스텔과 비교해봐도 수익률이 현저히 높은 자산이다. 그리고 생숙은 아직도 대출이 가능하고 승계할 수 있는 원룸 형태의 건물이다. 실제 투자금 대비 고수익이 예상된다.

신도시 택지지구

내가 사는 평택시에는 몇 년 전부터 신도시 공사가 진행 중이다. 이미 절반 정도가 입주했고 점점 신도시처럼 변해가고 있다. 건설노동자와 관계자들이 일자리를 찾아 평택으로 몰려오고 있어 나의 원룸형 수익형 자산은 공실이 없다. 요즘 평택에 원룸 공실을 찾기 어렵다 보니 월세도 많이 올랐다. 나로서는 좋은 소식이다.

그런데 신도시가 들어서면서 고민에 빠졌다. 신도시에도 택지지구가 있는데, 이곳에 신축 원룸을 짓기 시작하면 나의 낡은 원룸에는 세입자가 줄어들고 경쟁력을 잃어버려 월세도 낮아질 것이 예상된다. 나는 발빠르게 움직여 신도시의 택지를 분양받아 원룸 주택을 짓고 차츰 낡은 주택을 처분해야겠다고 마음먹었다.

나는 실행력이 있어서 곧바로 건축가, 공인중개사, 은행가를 찾아가 미팅했다. 결론을 쉽게 찾을 수 있었다. 우리나라 모든 신도시(동탄, 고덕, 세종)의 택지지구에는 원룸을 지을 수 있는 땅이 단 한 평도 없다는 사실을 알게 되었다. 너무나 다행스러운 일이었다. 신도시는 시 신도시주택법에 따라 택지지구에 주택 수 즉 세대를 제한하고 있다. 현행의 주택법보다 높은 기준으로 관리하고 있는 것이다. 그래서 이미 완성된 동탄2신도시나 세종 신도시에는 원룸 건물(다세대, 다가구)이 하나도 없다.

신도시의 택지지구 한 필지에 총 5세대 이상을 만들 수 없다. 그래서 대부분의 주택이 주인세대 1호, 2룸 2호, 1.5룸 2호 등 총 5호로 건설되고 있다. 그렇다면 신도시에 일자리가 있는 사람들 중 원룸이 필요한 사람은 구도심에 있는 나의 원룸 주택으로 이사를 올 수밖에 없는 구조인 것이다. 나의 원룸 형태의 수익형 자산은 여전히 경쟁력을 유지하고 있고, 앞으로도 높은 수요를 예상하고 있어서 좋은 투자처임을 입증받은 셈이다.

11

원룸(다가구, 다세대)에 투자한 이유

나는 아파트 투자로 시작해 지금은 원룸(다가구, 다세대) 위주로 투자한다. 전형적인 수익형 부동산 투자자이다. 지금처럼 차익형 투자자산의 상승기에는 참 고리타분하고 시대 흐름을 못 읽는 사람으로 낙인찍히기 쉽다. 하지만 부동산 하락기에는 앞을 내다보는 투자자, 역시 수익형 투자가 답이라는 말을 듣는다. 남들이 뭐라고 하든 나는 계속 수익형 투자만을 고집하며 우직한 소처럼 한 걸음씩 천천히 앞으로 나아가고 있다.

이제 나의 자산가치는 점점 상승하여 빠른 말처럼 달려가고 있다. 주변의 지인들이 따라올 수 없을 정도로 나의 자산은 빠르게 증가하고 있다. 이렇게 되기까지 밑거름이 된 것은 바로 원룸(다세대, 다가구) 투자였다.

미래 가치가 있는 곳에 투자하라

이제는 가구의 구성원이 1인 또는 2인 가족이다. 미래의 사회 구조는 가구의 구성원 수는 감소하고 가구 수는 증가하는 형태로 바뀔 것이다. 이것을 감안하면 1인 가구가 사는 나의 주택은 인기가 더 많아질 것이 분명하다.

신도시에는 더는 1인 주거 형태의 주택이 등장할 수 없다. 그런데 정부에서는 1인 가구의 주택에 대해서 왜 관리 감독이 소홀할까? LH에서는 1인 가구가 급속도로 증가하는데 임대주택 보급은 따라가지 못하고 신혼부부 거주용 아파트만 총력을 다해 건설할까?

그 이유가 궁금했다. 아무리 생각해보아도 정치 참여도가 낮은 20~30대 미혼들이 원인인 듯하다. 청년들도 남의 일이라고 생각하지 말고 정치에 관심을 갖고 참여하길 바란다. 그래야 임대료가 낮은 공용 1인 거주 주택의 보급을 늘릴 것이 아닌가. 점점 삶의 질을 향상하기 위해 우리나라의 주택법은 더욱더 강화되어 1인 형태의 주택을 앞으로는 건설하지 못할 상황이 올 수도 있다.

이렇게 1인 주거 형태의 집은 더 많이 필요한데 주택법의 강화로 1세대 1차고지 기준으로는 더 이상 소형 원룸 건물이 생겨나기 어렵다. 지금은 자동차가 증가하고 있기 때문에 강화된 법이다. 하지만 4차 산업혁

명으로 완전 무인 자동차 시스템으로 돌입한다면 자동차를 소유할 필요가 없다. 미래학자들은 공유의 개념으로 변화할 것이라고 예측한다. 앞으로는 주택에 주차 공간이 지금처럼 많이 필요하지 않을 수도 있다.

수익률 갑은 원룸 주택이다

분양사들은 상가를 팔거나 오피스텔을 파는 경우 수익률이 6%라고 자랑한다. 하지만 실상을 들여다보면 4%에 맞춰서 분양하는 것이 대다수이다.

수익률에는 2가지가 있다. 실제 수익률과 실투 수익률이다.

- **실제 수익률**: 투자 원금 전체에 월간 수익금을 넣어 계산한 값이다.
- **실투 수익률**: 대출을 공제한 실제 투자금 기준으로 수익금에 대출 이자를 빼고 계산한 값이다.

분양사들이 내세우는 수익률은 우리의 눈과 귀를 왜곡하는 속임수이다. 나는 모든 자산의 투자를 검토할 때 실제 수익률로 자산을 평가한다. 이 기준으로 보면 부동산 투자자산 중 수익률이 가장 높은 것은 원룸(다가구, 다세대) 건물이다. 높은 수익률로 평가받는 원룸 건물은 다른 어떠한 단점이 있더라도 나를 부자로 만들어준다. 그런 이유로 나는 원룸 주택에 계속 투자할 것이다.

주택은 세금이 비교적 자유롭다

우리나라는 점점 세금 부과 대상을 늘려나가고 있다. 기존의 공인중개사들은 간이과세자로 소득세를 적게 내고 있었다. 하지만 요즘은 매매 실거래 신고가 시작되면서 소득이 오픈되었다. 일반과세자로 전환하는 공인중개사들이 많다. 그래서 중개수수료에 부가세를 추가로 받는 공인중개사가 늘어나는 추세다.

앞으로 임대차 3법이 2022년 6월에 완성되면 전월세 신고제가 발동될 것이다. 이 얘기는 앞으로 월세와 전세에 세금을 부과하겠다는 것이다. 정부에서는 국세청에 자료를 공유하지 않겠다고 했다. 하지만 이것을 믿는 국민은 아무도 없다.

그렇다면, 아직까지는 주택에 대해 전월세의 세금을 부과하지 않았다는 말인가? 자진 신고의 형태로 연간 2,000만 원 이상의 소득자는 신고하고 있다. 하지만 현실적으로 신고하지 않는 임대인이 많다. 그나마 주택임대사업자를 낸 주택 소유주만 납부하는 정도일 것이다. 물론 세무사에게 문의하면 납부해야 한다고 말한다. 주택은 아직까지 세금에 대해서 비교적 자유로운 편이다. 앞으로 어떤 방향으로 정부가 세금을 걷을지는 모르겠지만 말이다.

진입장벽이 낮은 원룸 주택

가난한 집에서 태어나 중소기업에 다니던 직장인이 어떻게 건물주가 되었을까? 궁금한 분들이 유튜브를 보았고, 조회수가 무려 170만을 기록했다. 이 조회수의 일등 공신은 바로 수익률 높은 원룸(다가구, 다세대) 투자였다.

가난한 청년이 건물주가 된 비밀은, 전세를 이용한 실제 투자금 낮추기에 있었다. 원룸 건물은 주거용 자산이라 전세를 쉽게 놓을 수 있다. 만약 내가 상가건물을 샀다면 실제 투자금이 높아서 건물주의 꿈을 이루지 못했을 것이다. 하지만 원룸 건물은 부족한 자금을 얼마든지 전세로 전환하여 구입할 수 있다. 심지어 5,000만 원으로도 살 수 있는 건물이 아직도 존재한다면 여러분은 믿겠는가?

내가 투자를 처음 시작했을 때보다 지금의 전세 상황은 더욱 좋아졌다. 월세보다 전세보증금이 놀라울 정도로 많이 인상되었다. 그만큼 전세가 귀하다는 말이다. 전세는 저금리 시대에 자연스럽게 없어져야 하는데, 갭투자의 열풍이 잔존하고 있어서 아직도 전세가 남아 있다. 주택임대사업자는 전세보증보험에 가입해야 하므로 전세를 주기가 더욱 꺼려지는 것이 사실이다. 요즘 원룸 전세는 품귀현상이라 할 만큼 거의 없다. 만약 수익형 원룸 건물에 투자하고 싶다면 더욱 낮은 투자금으로도 가능하다. 지금이 아주 좋은 기회다.

12

건물 구입 시 알아야 할 3가지 서류

건물을 구입할 때 알아야 할 서류는 3가지가 있다. 등기부등본, 건축물대장, 토지이용계획원이다.

등기부등본

모든 계약을 할 때 기본으로 보는 서류가 등기부등본이다. 하지만 등기부등본이란 것은 없다. 정확한 명칭은 '등기사항 전부증명서'이다. 이 서류는 대부분 공인중개사가 해당 물건의 등기부등본을 발급받아 보여주기 때문에 우리가 직접 발급하는 일은 흔하지 않다.

등기부등본을 발급받을 때 토지, 건물, 집합건물 3가지로 나누어져 있어 당황하는 경우가 있다. 아파트와 같은 다세대 건물의 토지 지분은 일부 소유하는 형식이라 집합건물로 등기부등본을 발급받을 수 있다. 나머지 단독 또는 다가구인 경우는 토지와 건물을 각각 발급받아야 모두 확인할 수 있다. 이것은 상가나 기타 상업용 부동산도 마찬가지다. 단일 건축물에 등기가 하나로 되어 있는 상가의 경우는 토지와 건물을 각자로 보고, 한 칸식 분양된 상가의 경우는 다세대 기준으로 보면 된다.

등기부등본의 내용은 보기 쉽게 3가지로 분류되어 있다.

[표제부] 부동산의 소재지와 그 현황이 나와 있다.

[갑구] 소유권 및 소유권 관련 권리관계가 기록되어 있다. 등기부가 생기고 나서 지금까지의 소유주가 모두 기록에 남아 있어서 쉽게 볼 수 있다. 가압류, 가처분, 가등기, 경매개시결정 사항 등을 알 수 있다.

[을구] 소유권 이외의 권리관계가 기록되어 있다. 근저당권, 전세권, 임차권등기명령 등이 표시된다.

은행에서 대출을 받으면 근저당을 잡는다는 이야기를 들은 적이 있을 것이다. 이것이 을구에 있는 사항이다. 만약 대출을 1억 받았으면 근저당권에는 1금융권 120%인 1.2억 원의 채권최고액이 기재되고, 2금융권인 경우 130%인 1.3억 원이 기재되어 있다.

전세권은 임차보증금에 대한 권리를 말하며, 확정일자를 받을 수 없는 법인 임차인이나 주소 전입이 불가피한 경우에 활용하면 좋다. 임차권등기명령이 있는 경우 임대인과 임차인 간의 보증금 반환에 분쟁이 있던 것으로, '이 건물주는 보증금 반환을 잘 안 해주는구나.'라고 이해하고 전세를 얻을 때 참고하면 좋다.

등기부등본을 보면서 확인할 사항

❶ 소유주를 확인한다.

주민번호와 소유주명이 맞는지 확인하고, 소유주명과 동일한 통장으로 거래해야 한다. 계약할 때 배우자가 나오거나, 거동이 불편한 노인의 물건인 경우 자녀들이 계약을 대신하기도 한다. 계약할 때는 소유주의 신분증만 확인해도 무방하지만, 잔금을 치를 때는 소유주가 꼭 참석해야 한다. 만약 소유주가 입원 중인 경우에는 법무사가 직접 방문하여 매도 의사를 물을 수 있게 법무사에게 요청해야 한다. 사실 법무사는 이런 경우에 사고 없이 계약이 체결되도록 직접 방문하여 의사를 묻고 확인 사실증명 서류를 받아온다.

❷ 등기부등본 발급일자를 확인한다.

계약 시의 등본을 믿지 말고 잔금 당일 다시 등기부등본을 떼서 최종 변동사항이 있는지 확인한다. 등기부등본은 추가사항을 접수하면 즉시 접수내용이 등록되지 않는다. 그러니 최종적으로 발급일자를 확인해야 한다. 그리고 의심이 가는 경우에는 잔금을 치르고 2~3일 후 다시 등기부등본을 발급받아 확인하는 것이 좋다.

❸ 등기부등본의 출력물의 페이지 수를 확인한다.

총 8장이면 1/8~8/8로 구분되어 있으므로 혹시 중간에 비어 있는 부분이 있는지 확인한다. 의도적으로 속이기 위해 한 장을 빼는 경우도 있다. 등기부 요약본이 있는데, 이것은 불필요한 말소사항을 표기하지 않고 최종으로 남아있는 사항만을 기록한 것이다. 이것을 활용하면 좀 더 알아보기 쉽다.

건축물대장

건축물대장은 토지에 건축물이 생겨나면 만들어지는 서류다. 건축물대장이 없는 건축물은 아직 완공이 안 되었거나 무허가 건축물이다.

건축물대장은 누구나 발급받을 수 있는 서류다. 단, 건축물 현황도가 필요할 때는 소유주가 직접 발급받아야 한다. 건축물 현황도란 건축의 평면도이다. 다가구는 전체 건물의 평면도를 층수별로 보여준다. 다세대는 지정 호실만 나온다. 지금 거주하는 아파트의 평면도가 필요하다면 건축물대장을 발급받으면 모델하우스에서 보던 평면도를 받아볼 수 있다.

건축물대장을 보면 건축 당시 필요한 사항들이 여러 가지 기록되어 있다. 여기서 눈여겨볼 것은 호실 숫자이다. 건축물대장에는 10호 또는 10가구로 되어 있는데 실제 건물에는 12호 또는 12가구로 된 경우도 있기 때문이다. 공인중개사의 매물서에는 12호이고 건축물대장에는

10호라면 불법으로 만들어진 방이 있다는 것이다. 또는 관리실이나 창고의 목적으로 만들어놓고 불법 개조하여 주택으로 쓰고 있는 경우다. 그러므로 건축물의 호실을 반드시 확인해야 한다. 오피스텔은 (호), 다가구는 (가구), 다세대는 (세대)로 표기되어 있다. 건축물대장만 봐도 오피스텔, 다가구, 다세대를 구분할 수 있다.

구입하고 싶은 건물이 위반 건축물인지를 확인하려면 건축물대장을 보면 알 수 있다. 위반 건축물이라고 대문짝만 하게 쓰여 있기 때문이다. 하지만 위반 건축물인데 단속에 걸리지 않은 경우도 있으니 공인중개사나 매도인에게 위반 여부를 물어보고 건축물대장으로 본인이 확인해야 한다. 건축물 현황도를 보았는데, 도면의 건축물 외에 별도의 추가된 부분이 있다면 위반 사항인 것이다. 단순히 건물 뒤편에 조그마한 창고를 만들어놓았다면 문제가 없지만, 세대의 방을 확장할 목적으로 늘려놓았다면 투자를 재고해야 한다.

마지막으로 건축물대장을 활용할 수 있는 것은 신축하는 경우이다. 본인이 신축하려고 알아보고 있다면 주변 도시에서 유사한 건물들을 찾아 외관 및 내부를 확인하고 싶어 할 것이다. 이때 마음에 드는 건축물을 찾았다면 건축물대장을 발급받아 보자. 건축물대장에 건축한 설계사의 상호가 나올 것이다. 상호를 조회하여 해당 주택의 시공업체나 시공가격을 문의할 수 있다. 건축사 입장에서는 잠재 고객이기 때문에 친절하게 안내해줄 것이다.

토지이용계획원

토지이용계획원은 해당 토지의 정보와 활용 범위 등을 설명한 서류이다. 지목, 면적, 개별고시지가 등을 기본적으로 표기하고 있으며 지역지구 등 지정 여부를 알아볼 수 있다. 지역지구에는 주거지역, 상업지역, 농림지역 등을 구분하고 있다.

주거지역의 종류

구분		국토의 계획 및 이용에 관한 법률	
		건폐율	용적률
전용주거지역	제1종	50% 이하	50% 이상 100% 이하
	제2종	50% 이하	100% 이상 150% 이하
일반주거지역	제1종	60% 이하	100% 이상 200% 이하
	제2종	60% 이하	150% 이상 250% 이하
	제3종	50% 이하	200% 이상 300% 이하
준주거지역		70% 이하	200% 이상 500% 이하

상업지역의 종류

구분	국토의 계획 및 이용에 관한 법률	
	건폐율	용적률
중심상업지역	90% 이하	400% 이상 1,500% 이하
일반상업지역	80% 이하	300% 이상 1,300% 이하
근린상업지역	70% 이하	200% 이상 900% 이하
유통상업지역	80% 이하	200% 이상 1,100% 이하

표와 같이 지역지구에 따라 건폐율과 용적률이 각각 다르게 적용되어 있다.

- **건폐율**: 토지 면적에 몇 퍼센트까지 건축할 수 있는지를 알려주는 것이다.
- **용적률**: 건폐율의 면적에 몇 퍼센트까지 위로 올릴 수 있는지를 알려주는 것이다.

쉽게 설명해보겠다.

준주거지역의 경우 건폐율은 70% 이하이고 용적률은 500% 이하라면, 만약 100평의 땅이 있는 경우 70%인 70평의 면적에 건축할 수 있다. 위로는 5층까지 올릴 수 있어 총 건축면적은 100×5=500평이다. 즉 7층 이상의 건물까지 건축할 수 있는 지역인 것이다. (70평×7층=490평)

하지만, 지역의 최대 층고가 6층이라고 가정하면 420평 내에서 위의 건축물을 작게 건축하여 6층까지 건축할 수도 있다.

지목

대, 전답, 도 등을 일반적으로 알고 있을 것이다. 28가지의 지목이 있으니 참고하길 바란다.

지목의 부호

부호	지목	부호	지목	부호	지목	부호	지목
1. 전	전	8. 대	대	15. 철	철도용지	22. 공	공원
2. 답	답	9. 장	공장용지	16. 제	제방	23. 체	체육용지
3. 과	과수원	10. 학	학교용지	17. 천	하천	24. 원	유원지
4. 목	목장용지	11. 차	주차장	18. 구	구거	25. 종	종교용지
5. 임	임야	12. 주	주유소용지	19. 유	유지	26. 사	사적지
6. 광	광천지	13. 창	창고용지	20. 양	양어장	27. 묘	묘지
7. 염	염전	14. 도	도로	21. 수	수도용지	28. 잡	잡종지

위의 지목 중 혼동하는 2가지가 있다. 9번 '장: 공장용지'와 22번 '공: 공원용지'를 혼동할 우려가 있다. 그리고 11번 '차: 주차장'과 12번 '주: 주유소용지'를 혼동할 수 있으니 숙지해야 한다.

13

건물 구입할 때는 지역 선정이 가장 중요하다

수익형 투자자산을 구입하는 데 있어 가장 중요한 부분은 '어느 곳에 있는 물건을 살 것인가'이다.

부동산이라는 단어를 생각해보자. 한자로 不動產은 '아니 불, 움직일 동, 재물 산' 자를 쓰고 있다. 즉, 절대 움직일 수 없는 재산이라는 뜻이다. 그렇기에 부동산은 어디에 있는 것이냐에 따라서 그 가치가 정해진다. 아파트가 강남에 있다면 그 가치가 매우 높다는 것을 누구나 알고 있다. 불행하게도 내가 사는 집이 낮은 가격 지역에 있으므로 집값이 안 오르거나 적게 오르는 것이다.

투자 지역 정하기

건물을 구입할 때 최우선으로 고려해야 할 사항은 바로 지역을 고르는 것이다. 지역 하면 시 단위의 지역을 말하며, 대도시인 경우에는 구를 의미한다. 어떤 도시의 어떤 구를 투자 지역으로 잡을 것인지부터 정해야 한다.

우리나라의 인구는 감소하고 있는데, 고령화사회에 진입해서 노인 인구는 증가하고 있다. 그런데 우리나라의 도시 중에는 인구가 증가하거나 감소하는 도시도 있다. 지방의 도시뿐만 아니라 지금은 대도시인 부산광역시, 울산광역시, 광주광역시, 대구광역시 모두 인구가 감소하고 있다.

우리나라 인구가 감소하고 있으니 어느 특정지역, 지방도 인구가 감소하는 것은 당연한 일이다. 그런데 수도권 즉 경기도의 인구는 증가하고 있다. 왜 수도권의 인구는 증가하는 것일까? 다들 알고 있지만 젊은 이들이 원하거나 취업할 수 있는 일자리가 지방 대도시가 아니라 서울을 중심으로 몰려있기 때문이다. 서울에는 주택이 매우 부족하고 거주 비용이 비싸서 꿈도 못 꾸고 주변 수도권 도시로 인구가 집중되고 있다. 이렇게 수도권에 인구가 집중되면 싱가포르 같은 도시국가가 만들어질 거라고 전망하는 학자들도 있다. 수도권의 인구는 지속하여 증가하고 있으니 앞으로의 투자처는 당연히 수도권에 있을 확률이 높다. 인구가 증가하는 지역에 투자하는 것이 답이다.

광역시는 많은 구로 이루어져 있다. 구 단위로 인구를 분석해보면 젊은 층이 몰려 사는 구를 찾아낼 수 있다. 이러한 곳이 대도시의 투자처이다.

그렇다면 이런 인구의 증감은 어디서 확인할 수 있을까? 아주 간단하다. 관심 지역은 시청 홈페이지에 들어가면 알아볼 수 있다. 시청 홈페이지에 들어갔는데 메인 화면에 인구의 숫자가 표시되어 있다면 투자처로 좋은 도시이다. 만약 표시가 안 되었다면 홈페이지를 자세히 보면 그 안에 반드시 인구 통계가 나올 것이다. 어떤 시든지 홈페이지에 인구수를 공표하고 있다. 심지어 동별 인구, 연령층도 상세히 알아볼 수 있다.

경기도는 모든 시의 인구가 나와 있어 인구수를 확인하는 것이 너무 쉽다. 이렇게 확인하면 투자하고 싶은 도시를 찾아낼 수 있고 그 도시 중 어떤 동네가 젊은 층이 모여 살고 있는지도 파악할 수 있다. 이렇게 하면 일단 지역 선정은 끝난 것이다.

다만, 나의 거주지와 가까운 도시로 선정하는 것을 추천한다. 건물에 문제가 생기더라도 쉽게 접근할 수 있는 곳에 있어야 자주 찾아가서 관리할 수 있기 때문이다.

우리 지역에 다세대, 다가구를 소유하고 운영하는 분들을 보면, 대다수가 타지역에 살고, 일 년에 손을 꼽을 정도만 찾아온다. 심지어 임대소득으로 해외에 사는 분도 몇 명 알고 있다. 이분들은 몇 년에 한 번씩 한국에 들어오고 관리는 공인중개사나 관리업체에 맡기고 있다. 공인중개사에 따르면 8년째 캐나다에서 오지 않고 있는 건물주도 있다고 한다. 그러니 나의 거주지역과 가까우면 좋겠지만 필수 요건은 아니라는 것이다.

구역 고르기

투자 지역을 선정했다면 이제는 구역을 골라야 한다. 즉 어느 동에 투자할 것인지를 알아보는 것이다. 물론 하나의 동을 지목하고 투자 물건을 찾는 것은 아니고 몇 개의 인기 구역을 찾아내고 그 지역의 매물을 조사해야 한다.

일단 구역을 고를 때는 직방이나 다방 어플을 활용한다. 될 수 있으면 휴대폰보다는 PC 화면으로 보는 것이 넓은 지역을 조사하기 쉬우니 참고하길 바란다.

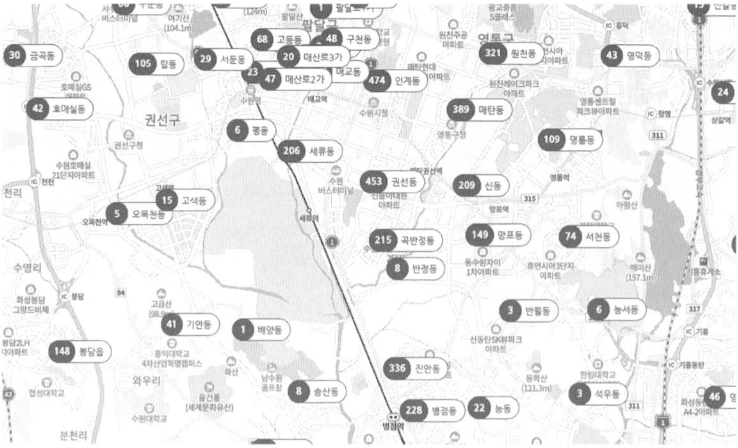

직방, 다방 어플은 젊은 층이 월세, 전세를 찾을 수 있게 특화되어 있다. 특히 1인 거주 주택인 원룸, 오피스텔이 많다. 직방, 다방에서 필터 조건을 원룸으로 하고 전세, 월세를 선택하면 104쪽과 같은 지도가 나온다. 숫자가 있고 동 이름이 나오는 상태까지 줌아웃을 하면 이런 지도 비율을 얻을 수 있다. 이 상태에서 밀집 구역을 확인한다. 300, 400, 200 등으로 써 있는 지역이 당연히 밀집 지역이다. 그럼 이것이 바로 하나의 구역이다. 줌인을 해서 그 동의 어떤 구역에 원룸이 밀집되어 있는지 다시 체크한다.

이제는 위의 지도처럼 동의 표시는 없어지고 동그라미 안의 숫자만 보일 것이다. 그러니 더욱 정확히 원룸이 어느 구역에 집중되어 있는지 파악할 수 있다. 자세하게 구역을 찾았다면 지도에 표시해놓고 이제 하나하나씩 어떤 구역이 좋은 곳인지 알아보기로 하자.

만약 나의 투자 지역 내에 구역을 5개 정도 찾았다면 이제는 어느 구역이 좋은지 알아보도록 하자. 각 구역마다 월세 매물을 확인하여 3가지를 분석하면 된다.

- 월세 가격
- 월세 기간(3개월, 6개월, 1년)
- 보증금

월세 가격은 건물에 따라 달라지겠지만, 신축인데도 불구하고 낮게 받는 구역이 있고, 구축인데 높게 받는 구역도 있다. 구축인데도 높게 받는 구역이 좋은 구역이다.

월세 기간을 3, 6개월을 주는 단기월세 지역은 경쟁력이 떨어지는 구역으로 볼 수 있다. 어떤 집주인도 단기세입자를 원하지 않는다. 장기 수요자가 없으니 울며 겨자 먹기로 받는 것이다. 보증금이 100만 원, 50만 원으로 낮게 형성된 구역 또한 경쟁력이 없는 구역으로 보면 된다. 보증금이 낮은 경우 가장 선호하지 않는 구역이다. 보증금을 100만 원 받으면 2개월만 미납해도 세입자를 반드시 내보내야 하기 때문이다. 임대인 입장에서는 당연히 보증금을 넉넉히 받아야 나갈 때 파손 여부, 미납 월세, 전기, 가스요금을 공제하고 반환할 수 있다.

저수지 이론

저수지 이론은 내가 만들어낸 것이다. 내용은 이렇다.

지방 농촌지역에 가면 저수지가 있다. 장마철에 집중호우를 받아놓았다가 가뭄이 들면 수문을 열어 농업용수로 사용하는 저수지를 생각하면 된다. 이 저수지는 1년 12달 물이 차 있다. 하지만 물의 양이 감소하거나 증가하여 저수지의 면적이 넓어졌다 작아졌다를 반복한다. 몇 년 주기의 대가뭄이 들면 간혹 저수지 바닥이 보이는 경우도 있다. 그리고 장마철에 집중호우가 내리면 저수지의 물이 넘쳐나고 배수지에 물이 들어오기 마련이다. 배수지는 평상시 물이 들어오는 지역은 아니지만 집중호우 시 저장공간을 넓히기 위해 확보해놓는 일종의 비상 공간이다.

건물을 살 때 구역을 생각해보자. 어느 구역이든 경기, 경제 상황에 따라서 구역의 수요자들이 늘어나고 줄어들기를 반복한다. 그렇다면 저수지처럼 어떤 구역이 항상 물이 가득 차 있는 구역인지를 생각해 볼 수 있다. 당연히 월세 가격, 월세 기간, 보증금 등 3가지를 보면 알 수 있지만, 장마철 즉 원룸 수요자가 많이 몰리는 시기에는 어느 구역이 나쁜지 좋은지를 구분해낼 수 없다. 지금 평택 내 송탄 시역이 그렇다. 빈방 찾기가 힘들 정도로 공실이 나오기가 무섭게 나가버린다. 심지어 방을 보기도 전에 사진만 보고 계약하는 경우도 많다. 그럼 당연히 좋은 지역이기는 하지만 지금 대홍수, 집중호우 지역인 것이다. 이러한 지역에서 배수지, 가뭄이 들면 물이 빠지는 구역은 실제 이 지역에 사는 사람이 아니고서는 파악할 수 없다. 이런 시기에는 경쟁력 없던 구역의 매물들이 더욱 수익률이 높아 보이는 건물처럼 화장을 하고 있어 진짜 좋은 건물을 찾기 어려워진다. 진솔한 공인중개사를 만나면 다행이겠지만 그렇다 한들 그의 말만 100% 믿고 투자하기는 힘들다. 이런 지역은 물이 빠지기를 기다려서 투자해야 한다.

많은 수강생이 내가 사는 평택에 투자하고 싶어 한다. 내가 투자하는 지역이니 믿고 사도 된다는 막연한 기대감이 있을 것이다. 하지만 우리 지역에는 배수지도 있고 가뭄에 바닥을 드러내는 구역도 있으니 투자를 신중히 하길 바란다. 원룸은 수익률이 높다. 하지만 공실이 있다면 그 수익률은 아무것도 아닌 숫자일 뿐이다. 언젠가는 이 지역도 물이 빠질 수밖에 없다. 그때도 물이 차 있는 바닥이 깊은 구역의 매물을 구입하길 바란다.

14

자산 120억 건물주는 '수익률' 계산을 이렇게 한다

부동산 중 아파트는 투자하기 가장 쉬운 투자자산이다. 가격 즉 시세를 파악하기 쉽고, 물건도 풍부하다. 그리고 부동산 중 현금화하기 가장 빠른 자산이기도 하다. 그래서 우리는 아파트 투자에 열광하는 것인지도 모르겠다.

다세대, 다가구, 원룸에 투자할 때는 가격을 알 수 있는 방법이 딱히 없다. 매도인이 부르는 것이 곧 가격이다. 유일하게 가격을 알아볼 수 있는 것은 상가 투자에서의 수익률 계산이다. 투자자금 대비 얼마의 수입이 들어오는지가 수익률이다. 실제 상가 투자를 하기 위해 분양사무소에 찾아가면 수익률이 8%, 10% 되는 상가 또는 지식산업센터가 있다고 광고한다. 과연 진실일까? 이런 분양사무소에서 말하는 수익률에는 함정이 있다. 투자금 전체를 넣고 계산하는 것이 아니라 실제 투자금(투자금-대출금)을 기준으로 계산하여 수익률의 착시를 일으키게 한다. 대출을 얼마 받느냐에 따라 수익률이 달라지고 보증금을 얼마 받느냐에 따라서도 그 수익률은 고무줄처럼 늘어난다.

내가 좋아하는 원룸, 다가구, 다세대 투자에서도 고무줄 수익률은 여전하다. 특히 더 심하게 우리의 눈과 뇌를 현혹한다. 이 또한 대출금이 얼마인가에 따라 수익률이 변하고 더 나아가 전세금이 얼마 있느냐에 따라서 고무줄 수익률이 탄생한다. 동일 건물인데도 공인중개사마다 수익률의 차이가 1~2% 이상 차이가 나고 있으니 과연 수익률을 믿어야 하는 것인지 혼란스러울 것이다. 나는 예전부터 이러한 허점을 알고 있어서 나만의 수익률 계산법을 만들었다. 이번 장에서 그 수익률표를 설명하겠다. 진짜 수익률이라고 하는 것은 부채 즉 대출을 뺀 실제 투자금으로 계산하면 안 되고 매도가 전체 금액으로 계산해야 정확한 값이 나온다.

예를 들면 이렇다. 10억의 고가 아파트가 있다고 가정하자. 그곳에 대출을 각각 5억, 7억 받은 아파트가 있다면 어떤 아파트가 좋은 것일까? 지금이야 대출이 승계가 안 되지만 만약 예전처럼 승계가 된다면 당연히 실투금이 낮은 7억 대출금이 있는 아파트일 것이다. 하지만 두 아파트의 가격은 모두 10억 원 그대로이다. 그 가치에는 변화가 없다. 단지 실제 투자금이 낮은지 높은지의 차이일 뿐이다.

그렇기에 나는 투자를 결정할 때 나의 종잣돈을 감안하여 실제 투자금으로 보고 투자하지만, 건물의 가치를 판단할 때는 실제 투자금이 아닌 매매가를 기준으로 하는 실제 수익률을 평가하여 투자한다. 이렇게 하면 고무줄 수익률 없이 객관적인 기준이 만들어진다.

용주주 수익률표

공인중개사에게 가서 다세대, 다가구, 원룸 건물의 매물을 소개받으면 매물조사서를 쉽게 받을 수 있다. 공인중개사마다 표현하는 형식은 다양하지만, 각각의 물건을 A4 한 장에 보기 좋게 설명한 매매 조사서, 수익률 분석표 등을 매수인에게 제공하고 있다. 이 서류에는 각종 정보가 망라되어 있어 수익률을 계산할 수 있는 표본 데이터로 삼을 수 있다.

나는 용주주 수익률표를 만들었다. 물론 공인중개사가 알려주는 수익률도 명기되어 있다. 매물조사서를 토대로 진짜 수익률표에 넣어 보기만 하면 된다. 용주주의 수익률표는 네이버 카페 '용주주 강용수의 수익형 부동산 투자'를 찾아 들어오면 무료로 받아볼 수 있다.

매물조사서

공인중개사에게 쉽게 받을 수 있는 부동산물건 매매 조사서이다.

[부동산물건 매매 조사서]

■ 부동산의 표시

소재지	평택시 이충동 ○○○○					
토지면적	244㎡	73.8평	소유자	○○○		
건축면적(건폐율)	142.56㎡	43평	주용도	도시형 생활주택		
연면적(용적률)	405㎡	122.5평	용도지역	1종일반주거지역	지목	대지
준공일	2016/09/05		시설	승강기 1대		

■ 임대차 현황

호수	보증금	월차임	호수	보증금	월차임
101	60,000,000	50,000	302	70,000,000	50,000
201	60,000,000	50,000	303	1,000,000	550,000
202	0	450,000	304	500,000	500,000
203	3,000,000	500,000	401	90,000,000	100,000
204	70,000,000	50,000	402	90,000,000	100,000
301	3,000,000	500,000			
소계	196,000,000	1,600,000	소계	251,500,000	1,300,000

■ 매각조건

매매금액	보증금 계	월차임 계	(현재)대출현황	수익률(년)
1,400,000,000	447,500,000	2,900,000	500,000,000	4.3%

■ 매물특징

서정리역(국철 1호선, 수원발ktx) 직선거리 600미터, 고덕신도시 삼성반도체 1.2km, 삼성반도체 임대수요
풍부, 도시형생활주택(다세대) 각 호별 매입시 기준시가 1억 원 이하로 취득세 중과되지 않음

■ 현장사진

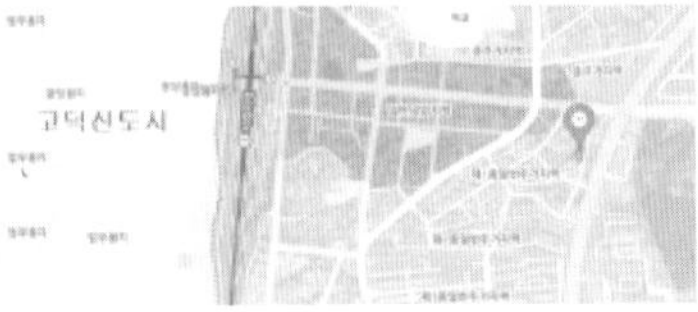

수익형자산 수익률 계산표

1. 물건 현황

작성일자:

주소	평택시 이충동 ○○○○	
대비면적	244㎡	73.8평
연면적	405㎡	122.5평
건축년도	2016년 9월	
구조/용도	1종 일반 주거지역	
층수	4층	
건축구성	다세대	

2. 투자 분석

매매가액(A)	1,400,000,000				
보증금(B)	447,500,000	대출(C)	-	이율(%)	3.70%
자기자본(D)	952,500,000		실투 수익률	3.65%	
월수익	2,900,000	연수익	34,800,000	연이자	-
월순수익	2,900,000	연간순이익(E)	34,800,000	월이자	-

3. 특징

옵션	에어컨, 빌트인세탁기, 가스레인지, 냉장고, TV, TV받침, 인터넷
장점	
가구수	원룸 9개, 2룸 2개

4. 고정비용 분석

구분	고정비용 내용	금액	비고
1	공용전기	100,000	
2	상수도 요금	100,000	
3	인터넷 요금	150,000	
4	엘리베이터	100,000	
합계		450,000	

5. 호수별 수입 현황(현재)

구분	호수	용도	보증금	월세	비고
1	101	원룸	60,000,000	50,000	
2	201	원룸	60,000,000	50,000	
3	202	원룸	-	450,000	
4	203	원룸	3,000,000	500,000	
5	204	원룸	70,000,000	50,000	
6	301	원룸	3,000,000	500,000	
7	302	원룸	70,000,000	50,000	
8	303	원룸	1,000,000	550,000	
9	304	원룸	500,000	500,000	
10	401	2룸	90,000,000	100,000	
11	402	2룸	90,000,000	100,000	
합계			447,500,000	2,900,000	

실투 수익률	3.09%	자기자본	952,500,000
		월간순이익	2,450,000

6. 호수별 수입 현황(최대 예상)

구분	호수	용도	보증금	월세	비고
1	101	원룸	3,000,000	550,000	
2	201	원룸	3,000,000	550,000	
3	202	원룸	3,000,000	550,000	
4	203	원룸	3,000,000	550,000	
5	204	원룸	3,000,000	550,000	
6	301	원룸	3,000,000	550,000	
7	302	원룸	3,000,000	550,000	
8	303	원룸	3,000,000	550,000	
9	304	원룸	3,000,000	550,000	
10	401	2룸	5,000,000	800,000	
11	402	2룸	5,000,000	800,000	
합계			37,000,000	6,550,000	

실투 수익률	5.37%	자기자본	1,363,000,000
		월간순이익	6,100,000
실 수익률 (대출제외)	5.23%		

7. 호수별 수입 현황(최소 예상)

구분	호수	용도	보증금	월세	비고
1	101	원룸	70,000,000	60,000	
2	201	원룸	70,000,000	60,000	
3	202	원룸	70,000,000	60,000	
4	203	원룸	70,000,000	60,000	
5	204	원룸	70,000,000	60,000	
6	301	원룸	70,000,000	60,000	
7	302	원룸	70,000,000	60,000	
8	303	원룸	3,000,000	500,000	
9	304	원룸	3,000,000	500,000	
10	401	2룸	100,000,000	100,000	
11	402	2룸	100,000,000	100,000	
합계			696,000,000	1,620,000	

실투 수익률	1.99%	자기자본	704,000,000
		월간순이익	1,170,000

1. 물건 현황

수익형자산 수익률 계산표			
주소	평택시 이충동 ○○○○		
대비면적	244㎡	73.8평	
연면적	405㎡	122.5평	
건축년도	2016년 9월		
구조/용도	1종 일반 주거지역		
층수	4층		
건축구성	다세대		

물건 현황은 매물조사서에 있는 내용을 그대로 옮겨 적기만 하면 된다. 멋지게 만들고 싶다면 카카오맵의 로드맵을 활용해 건물 사진을 넣을 수도 있다. 사실 공인중개사의 대부분도 이렇게 사진을 넣는다.

2. 투자 분석

매매가액(A)	1,400,000,000				
보증금(B)	447,500,000	대출(C)	-	이율(%)	3.70%
자기자본(D)	952,500,000		실투 수익률	3.65%	
월수익	2,900,000	연수익	34,800,000	연이자	-
월순수익	2,900,000	연간순이익(E)	34,800,000	월이자	-

투자 분석 역시 매물조사서 기준으로 입력만 하면 된다. 그런데 주의

할 점이 있다. 음영으로 표시된 부분은 자동 연산식이므로 입력하지 말아야 한다. 음영 표시가 없는 부분만 작성한다.

3. 특징

옵션	에어컨, 빌트인세탁기, 가스레인지, 냉장고, TV, TV받침, 인터넷
장점	
가구수	원룸 9개, 2룸 2개

특징 또한 그대로 입력하면 된다. 원룸의 경우 대부분의 편의 가정용품을 제공하기 때문에 건물을 매입할 때 물품을 모두 포함하여 구입한다. 별도로 옵션품의 가격을 책정하여 받는 경우는 절대 없다. 만약 있어야 할 옵션품이 없다면 오히려 매도인에게 배상을 요구해야 한다.

4. 고정비용 분석

구분	고정비용 내용	금액	비고
1	공용전기	100,000	
2	상수도 요금	100,000	
3	인터넷 요금	150,000	
4	엘리베이터	100,000	
합계		450,000	

고정비용은 공인중개사의 도움으로 매도인에게 요청하여 비용이 얼

마나 드는지 문의해야 한다. 매달 고정으로 나가는 비용이므로 총수입 금액에서 이자비용과 고정비용을 뺀 나머지가 실제 수입이다. 간혹 '용주주' 수강생들이 "재산세는 12개월로 나누어 넣어야 합니까?"라고 질문하는데, 나는 그렇게까지는 계산하지 않는다. 하지만 정확한 계산을 위해 넣고 싶다면 별도로 5번을 추가하여 넣어도 무방하다.

❶ 공용전기 부분을 보면 10만 원으로 적혀 있다. 이 건물은 엘리베이터가 있어서 공용전기료가 많이 나온다. 만약 엘리베이터가 없는 경우는 3,000원 미만의 공용전기료가 나온다.

❷ 상수도 요금은 대부분 집주인이 일괄 납부하고 있으면 월세에 포함하거나 관리비 명목으로 별도로 받는 경우가 있다. 그래서 각 세대별 수도계량기가 없기 때문에 각 호별로 각자 사용량만큼 받을 수 없다. 나의 건물 중 수도계량기가 각 세대별로 설치된 건물이 있기는 하다. 그렇다고 매달 검침하여 관리비 고지서를 만들어 전달할 수는 없다. 소형주택의 경우 집주인이 납부하는 것이 현명한 방법이다.

❸ 인터넷 요금: 원룸에서는 인터넷과 IPTV 수신료를 집주인이 부담하고 상수도 요금과 같이 월세에 포함하거나 관리비로 받는다.

❹ 엘리베이터 요금: 엘리베이터가 있는 경우에는 유지관리 업체를 선정하여 운영해야 한다. 그래서 고정비용이 발생한다.

일 년에 한 번씩 엘리베이터 보험에도 가입해야 한다. 하지만 엘리베이터 보험료는 몇만 원 안 나오므로 크게 신경 쓰지는 않는다. 의무 사항이니 꼭 가입해야 한다.

❺ 전기안전 요금: 이 건물에는 없지만 규모가 큰 25세대 이상의 주택은 건물 전체의 계약전력이 75kw 초과하는 경우 전기안전 관리자를 선임해야 한다. 만약 건물주가 전기기사나 전기기능사 자격증이 있다면 선임할 필요는 없다. 대부분 자격증이 없으므로 7만 원 정도 고정비용이 발생한다.

❻ 화재경보기가 있는 경우에는 소방안전 관리업체를 선임하여 관리해야 한다. 이것도 큰 규모의 건물에 화재경보기 장치가 부착된 경우에는 의무 사항이다. 비용은 8~10만 원 정도로 규모에 따라 요금이 달라진다. 다만 소방안전교육을 이수하여 이수자격증을 발급받았다면 납부하지 않아도 된다.

고정비용을 계산하여 관리비를 책정하고 월세를 받을 때 관리비를 포함하여 받는 것이 기본적인 원룸 투자이다.

개별 분양한 오피스텔이나 생활형 숙박시설은 아파트와 같이 관리주체가 따로 있어서 관리비를 별도도 징수하고 각각의 임대인은 월세만 받으면 된다.

원룸 건물의 경우 전세를 놓았을 때는 관리비를 집주인이 별도로 받아야 한다. 통상 5~7만 원 정도 징수하고 있다. 관리주체가 집주인이므로 관리비를 집주인이 징수하는 것이다.

5. 호수별 수입 현황(현재)

구분	호수	용도	보증금	월세	비고
1	101	원룸	60,000,000	50,000	
2	201	원룸	60,000,000	50,000	
3	202	원룸	-	450,000	
4	203	원룸	3,000,000	500,000	
5	204	원룸	70,000,000	50,000	
6	301	원룸	3,000,000	500,000	
7	302	원룸	70,000,000	50,000	
8	303	원룸	1,000,000	550,000	
9	304	원룸	500,000	500,000	
10	401	2룸	90,000,000	100,000	
11	402	2룸	90,000,000	100,000	
합계			447,500,000	2,900,000	

실투 수익률	3.09%	자기자본	952,500,000
		월간순이익	2,450,000

호수별 수입 현황(현재)은 매물조사서에 나와 있는 것을 그대로 옮겨 적으면 된다. 그럼 자동으로 실제 투자 수익률이 나오고, 자기자본금과 월간 순이익도 나오게 된다. 자동식이므로 음영 표시부는 입력하지 말아야 한다.

6. 호수별 수입 현황(최대 예상)

구분	호수	용도	보증금	월세	비고
1	101	원룸	3,000,000	550,000	
2	201	원룸	3,000,000	550,000	
3	202	원룸	3,000,000	550,000	
4	203	원룸	3,000,000	550,000	
5	204	원룸	3,000,000	550,000	
6	301	원룸	3,000,000	550,000	
7	302	원룸	3,000,000	550,000	
8	303	원룸	3,000,000	550,000	
9	304	원룸	3,000,000	550,000	
10	401	2룸	5,000,000	800,000	
11	402	2룸	5,000,000	800,000	
합계			37,000,000	6,550,000	

실투 수익률	5.37%	자기자본	1,363,000,000
		월간순이익	6,100,000
실 수익률 (대출제외)	5.23%		

여기서부터 손품을 팔아야 한다. 우리가 수익형 자산을 구입하는 이유는 월세 수익을 얻기 위함이다. 전세를 놓는 것이 목적이 아니다. 다만 실제 투자금이 부족하니 전세를 놓고 구입하는 것이지 언젠가는 자금을 마련하여 모두 월세를 받는 것이 목표가 되어야 한다.

이 건물의 최대 가성비 즉 최대 예상 수익을 알아보자. 공인중개사의 설명만 듣고 만들어 볼 수도 있지만 돌다리도 두드리며 건너가야 한다. 직방, 다방을 통해 주변의 같은 연식 건물의 월세 상황을 파악하여 공인중개사가 말하는 월세 수익이 맞는지 확인할 필요가 있다. 충분히 파악하여 6번을 완성한다. 그럼 실투 수익률이 5번과 다른 것을 알게 될 것이다. 5번에서는 3.09%였는데 6번에는 5.37%로 올라간 것을 볼 수 있다. 진짜 고무줄 수익률인 것을 확인했다. 이 건물의 최대 월간 순이익은 610만 원이다. 월세 총합 655만 원에서 고정비용 45만 원을 뺀 610만 원이 월간 순이익인 셈이다. 이 건물의 최대 가성비가 나오는 것이다. 그 밑에 있는 실 수익률을 보면 진짜 수익률을 알아볼 수 있다. 이것은 변하지 않는 객관적인 실 수익률이다.

이 건물의 수익률은 5.37%로 낮은 편이다. 평균적으로 연식에 따라 달라질 수 있지만 6~7% 정도 안에 있어야 적정한 수익률이라고 할 수 있다. 그렇다면 14억의 매매가는 비싸다는 계산이 나온다. 그렇다면 이 건물의 매매가가 얼마여야 6.5%의 수익률이 나올까?

여러분이 스스로 수익률표에서 확인해보길 바란다. 이렇게 계산해 나가면 비싸게 나온 매물과 싸게 나온 매물을 찾아낼 수 있다.

7. 호수별 수입 현황(최소 예상)

구분	호수	용도	보증금	월세	비고
1	101	원룸	70,000,000	60,000	
2	201	원룸	70,000,000	60,000	
3	202	원룸	70,000,000	60,000	
4	203	원룸	70,000,000	60,000	
5	204	원룸	70,000,000	60,000	
6	301	원룸	70,000,000	60,000	
7	302	원룸	70,000,000	60,000	
8	303	원룸	3,000,000	500,000	
9	304	원룸	3,000,000	500,000	
10	401	2룸	100,000,000	100,000	
11	402	2룸	100,000,000	100,000	
합계			696,000,000	1,620,000	

실투 수익률	1.99%	자기자본	704,000,000
		월간순이익	1,170,000

이 표는 수익률 계산과는 상관없다. 하지만 이 표로 해당 건물의 자기 부담금을 알아볼 수 있다. 나의 주머니 사정을 기준으로 전세를 넣어서 실제 투자금을 낮춰보는 계산식이다.

실제 투자금(자기자본) 7.04억을 투자해서 겨우 117만 원의 수익이 나오는 건물이니 참 투자가치가 없어 보일 것이다. 약 7억 정도를 투자해서 120만 원 받는다면 여러분은 투자할 수 있을까?

이 건물은 말도 안 되는 가격의 매물은 아니다. 다소 비싸기는 하지만. 그렇다면 왜 이런 결과가 나온 것일까? 본 건물의 대출을 모두 상환했기 때문에 벌어진 일이다. 만약 대출이 5~6억 정도 나온다고 가정하고 1.3억 정도 가격이 낮아진다고 하면 매력적인 매물로 보일 수도 있다.

지금까지 현재 있을 법한 매물을 보고 조사하는 법을 안내했다. 이제는 '용주주' 강용수가 투자한 물건을 공개하면서 수익률이 어떻게 달라지는지를 설명하겠다.

다가구 건물의 수익률

첫 번째로, 다가구 건물의 수익률표이다.

수익형자산 수익률 계산표(A)

1. 물건현황

작성일자:

주소	평택시 장당동 ○○○○	
대비면적	299㎡	90.44평
연면적	356㎡	107.69평
건축년도	2011년 5월	
구조/용도	도시형 생활주택(원룸)	
층수	3층	
건축구성	다가구	

2. 투자분석

매매가액(A)	840,000,000				
보증금(B)	212,000,000	대출(C)	300,000,000	이율(%)	3.20%
자기자본(D) (A-B-C)	328,000,000		실투 수익률(%)	7.98%	
월수익	2,980,000	연수익	35,760,000	연이자	9,600,000
월순수익	2,180,000	연간순이익(E)	26,160,000	월이자	800,000

3. 특징

옵션	에어컨, 빌트인세탁기, 가스레인지, 냉장고, TV, TV받침, 인터넷
장점	장당중 근처, 홈플러스, 주차편의, 조용한 주거환경
가구수	원룸 8개, 2룸 3개

전형적인 소형 건물이다. 2011년식으로 원룸 8개, 투룸 3개로 구성되어 있다.

4. 고정비용 분석

구분	고정비용 내용	금액	비고
1	공용전기	3,000	
2	상수도 요금	90,000	
3	인터넷 요금	137,000	
합계		230,000	

엘리베이터가 없어서 공용전기료가 3,000원 정도 나온다. 총 23만원이 지출된다. 소형 원룸의 경우에는 이 정도 20만 원 초반대의 고정비용이 일반적이다.

5. 호수별 수입 현황(현재)

구분	호수	용도	보증금	월세	비고
1	101	원룸	2,000,000	420,000	
2	201	원룸	2,000,000	420,000	
3	202	원룸	2,000,000	400,000	
4	203	투룸	40,000,000	50,000	
5	204	원룸	3,000,000	460,000	
6	205	원룸	40,000,000	50,000	
7	206	원룸	2,000,000	420,000	
8	301	원룸	2,000,000	420,000	
9	302	투룸	2,000,000	650,000	
10	303	원룸	2,000,000	420,000	
11	304	투룸	3,000,000	800,000	
합계			100,000,000	4,510,000	

실투 수익률	12.73%	자기자본	440,000,000
		월간순이익	3,480,000

현재 수입 현황은 451만 원이다. 이자 80만 원과 고정비용 23만 원을 빼면 348만 원의 수익이 들어온다. 실투 수익률은 12.73%로 높다.

6. 호수별 수입 현황(최대 예상)

구분	호수	용도	보증금	월세	비고
1	101	원룸	3,000,000	460,000	
2	201	원룸	3,000,000	460,000	
3	202	원룸	3,000,000	460,000	
4	203	투룸	3,000,000	800,000	
5	204	원룸	3,000,000	460,000	
6	205	원룸	3,000,000	460,000	
7	206	원룸	3,000,000	460,000	
8	301	원룸	3,000,000	460,000	
9	302	투룸	3,000,000	800,000	
10	303	원룸	3,000,000	460,000	
11	304	투룸	3,000,000	800,000	
합계			33,000,000	6,080,000	

실투 수익률	11.95%	자기자본	507,000,000
		월간순이익	5,050,000
실 수익률 (대출제외)	8.36%		

최대 수입 현황은 순이익이 505만 원이다. 진짜 수익률인 실 수익률이 8.36%로 높은 수준의 건물이다. 6~7% 내로 구입하면 좋은 건물이라고 했는데 8.36%이면 매우 좋은 물건이다.

과연 나는 이 건물을 구입했던 당시의 가격으로 팔까? 그렇지 않다.

6.5%가 나오는 수준으로 매매가를 올려서 팔면 될 것이다. 만약 빨리 팔고 싶다면 6.7% 정도 시장에 올려놓으면 팔리지 않을까? 10.5억 정도면 6.7%가 나오니 이 정도에 판매하면 잘 팔릴 것이라고 예상할 수 있다. 용주주의 수익률표는 구입할 때만 사용하는 것이 아니라 팔 때도 사용할 수 있다.

7. 호수별 수입 현황(최소 예상)

구분	호수	용도	보증금	월세	비고
1	101	원룸	50,000,000	60,000	
2	201	원룸	50,000,000	60,000	
3	202	원룸	50,000,000	60,000	
4	203	투룸	80,000,000	100,000	
5	204	원룸	50,000,000	60,000	
6	205	원룸	50,000,000	60,000	
7	206	원룸	50,000,000	60,000	
8	301	원룸	3,000,000	460,000	
9	302	투룸	3,000,000	800,000	
10	303	원룸	3,000,000	460,000	
11	304	투룸	3,000,000	800,000	
합계			392,000,000	2,980,000	

실투 수익률	15.81%	자기자본	148,000,000
		월간순이익	1,950,000

최소 수입 현황표이다. 종잣돈이 부족하면 전세로 전환하여 본 건물에 투자할 수 있다. 그렇다면 1.48억만 투자해도 월간 195만 원의 수익이 발생하는 건물이다. 좋은 물건인 듯하다. 하지만 지금 대출이 승계가 안 되고 있다. 그래서 대출금 3억을 더하면 이 건물의 자기자본은 4.48억이 필요하고, 월간 순이익은 275만 원이 들어올 것이다. 지금 일시적으로 대출이 막혀 있어 투자하기 불편한 시기인 것은 사실이다. 하지만 그렇다고 해서 투자 공부를 멈출 필요는 없다. 곧 대출이 다시 가능해질 거로 전망하기 때문이다.

다세대 건물의 수익률

이번에는 다세대 건물을 소개하겠다.

19호의 주택이 각각 등기되어 19주택으로 주택 수가 잡힌다.

수익형자산 수익률 계산표(B)

1. 물건현황

작성일자:

주소	평택시 이충동 OOOO	
대비면적	261㎡	79평
연면적	369㎡	119평
건축년도	2012년 7월	
구조/용도	도시형 생활주택 (원룸)	
층수	4층	
건축구성	다세대	

2. 투자분석

매매가액(A)	920,000,000				
보증금(B)	31,000,000	대출(C)	280,000,000	이율(%)	3.00%
자기자본(D) (A-B-C)	609,000,000		실투 수익률(%)	12.12%	
월수익	6,850,000	연수익	82,200,000	연이자	8,400,000
월순수익	6,150,000	연간순이익(E)	73,800,000	월이자	700,000

3. 특징

옵션	에어컨, 빌트인세탁기, 가스레인지, 냉장고, TV, TV받침, 인터넷
장점	장당중 근처, 홈플러스, 주차편의, 조용한 주거환경
가구수	원룸 18개, 2룸 1개

2012년 건물로서 방이 매우 작은 것이 특징이다. 그리고 A 건물보다 컨디션이 좋지 않아서 월세를 높게 받지 못하는 건물이지만, 원룸이 18개, 투룸이 1개 등 총 19세대로 구성된 집이다.

이 구역에서 가장 낮은 월세를 받는 집으로 유명하고, 가장 빨리 나가는 집으로도 유명하다.

4. 고정비용 분석

구분	고정비용 내용	금액	비고
1	공용전기	3,000	
2	상수도 요금	100,000	
3	인터넷 요금	150,000	
합계		253,000	

고정비용은 A 건물과 비슷하다.

5. 호수별 수입 현황(현재)

구분	호수	용도	보증금	월세	비고
1	101	원룸	2,000,000	330,000	
2	102	원룸	2,000,000	360,000	
3	103	원룸	1,000,000	330,000	
4	104	원룸	3,000,000	360,000	
5	105	원룸	2,000,000	370,000	
6	201	원룸	1,000,000	330,000	
7	202	원룸	2,000,000	380,000	
8	203	원룸	2,000,000	370,000	
9	204	원룸	2,000,000	340,000	
10	205	원룸	2,000,000	370,000	
11	301	원룸	3,000,000	380,000	
12	302	원룸	1,000,000	350,000	
13	303	원룸	1,000,000	350,000	
14	304	원룸	2,000,000	360,000	
15	305	원룸	2,000,000	380,000	
16	401	원룸	2,000,000	380,000	
17	402	투룸	3,000,000	400,000	
18	403	원룸	1,000,000	370,000	
19	404	원룸	1,000,000	340,000	
합계			35,000,000	6,850,000	

실투 수익률	11.62%	자기자본	605,000,000
		월간순이익	5,897,000

세대가 많아서 수익이 많이 나오는 주택이다. 685만 원을 받고 있으며 실투 수익률은 11.62%로 지역 최강의 수익률이다.

6. 호수별 수입 현황(최대 예상)

구분	호수	용도	보증금	월세	비고
1	101	원룸	3,000,000	330,000	
2	102	원룸	3,000,000	380,000	
3	103	원룸	3,000,000	380,000	
4	104	원룸	3,000,000	380,000	
5	105	원룸	3,000,000	380,000	
6	201	원룸	3,000,000	380,000	
7	202	원룸	3,000,000	380,000	
8	203	원룸	3,000,000	380,000	
9	204	원룸	3,000,000	380,000	
10	205	원룸	3,000,000	380,000	
11	301	원룸	3,000,000	380,000	
12	302	원룸	3,000,000	380,000	
13	303	원룸	3,000,000	380,000	
14	304	원룸	3,000,000	380,000	
15	305	원룸	3,000,000	380,000	
16	401	원룸	3,000,000	380,000	
17	402	투룸	3,000,000	450,000	
18	403	원룸	3,000,000	380,000	
19	404	원룸	3,000,000	380,000	

합계			57,000,000	7,240,000	

실투 수익률	12.94%	자기자본	583,000,000
		월간순이익	6,287,000
실 수익률 (대출제외)	9.11%		

최대 수입 현황은 724만 원을 예상하고 있다. 월간 순이익도 628만 원이나 받을 수 있으니 A 건물보다는 높은 수익을 얻는 주택이다. 실투 수익률을 보면 9.11%로 매우 높은 건물이다. 만약 6.7%로 계산한다면 12.5억에 팔릴 수 있는 주택이다. 하지만 노화가 많이 된 주택이라 감안하여 팔아야 한다. 그간 나는 이 주택에서 매년 7,000만 원 이상의 수익을 얻었다. 현재 7년 정도 보유했으니 4.9억의 임대료를 받은 것이나 다름없다. 만약 판다고 하면 나에게 시세 차익을 3.3억 안겨줄 것이다. 그럼 이 건물 투자로 인해 8.2억 이익이 발생했다고 볼 수 있다. 9.2억에 구입한 나의 수익형 자산이 7년 만에 8.2억 원의 수익을 안겨준다면 얼마나 높은 수익인가. 왜 내가 차익형 투자에 목매지 않고 안전한 수익형 투자를 하는지 이해할 수 있을 것이다.

하지만 나는 이 주택을 팔 생각이 아직 없다. 계속 수익을 창출할 것이다. 나를 위해 일하는 나의 자산과 이별하고 싶은 마음이 추호도 없다.

7. 호수별 수입 현황(최소 예상)

구분	호수	용도	보증금	월세	비고
1	101	원룸	45,000,000	60,000	
2	102	원룸	45,000,000	60,000	
3	103	원룸	45,000,000	60,000	
4	104	원룸	45,000,000	60,000	
5	105	원룸	45,000,000	60,000	
6	201	원룸	45,000,000	60,000	
7	202	원룸	45,000,000	60,000	
8	203	원룸	45,000,000	60,000	
9	204	원룸	45,000,000	60,000	
10	205	원룸	45,000,000	60,000	
11	301	원룸	45,000,000	60,000	
12	302	원룸	45,000,000	60,000	
13	303	원룸	45,000,000	60,000	
14	304	원룸	3,000,000	380,000	
15	305	원룸	3,000,000	380,000	
16	401	원룸	3,000,000	380,000	
17	402	투룸	3,000,000	450,000	
18	403	원룸	3,000,000	380,000	
19	404	원룸	3,000,000	380,000	
합계			603,000,000	3,130,000	

실투 수익률	70.61%	자기자본	37,000,000
		월간순이익	2,177,000

최소 수입 현황을 보면 놀랄 것이다. 자기자본금 3,700만 원만 있어도 217만 원의 수익이 들어오는 마법 같은 주택이다. 다만 이 주택도 현재 대출이 승계가 안 되고 있다. 실제 투자금은 대출 2.8억을 더해 3.17억 원이 필요하며, 월간 순이익 287만 원이 들어오는 주택이다.

이 건물의 경우 대출이 승계되지 않더라도 실제 투자금이 낮아서 구매할 수 있는 건물이다. 수익률이 높은 건물은 대출 승계 없이 전세 전환만으로도 충분히 투자할 수 있는 건물이 얼마든지 있다. 이 건물은 다세대 건물로 취등록세 또한 낮아서 매력이 넘친다고 볼 수 있다.

생활형 숙박시설의 수익률

마지막으로 생활형 숙박시설을 소개하겠다.

상업용 자산으로 전입신고가 불가하며 향후 오피스텔로 전환할 계획이다.

수익형자산 수익률 계산표(C)

1. 물건현황

작성일자:

주소	평택시 서정동 OOOO	
대비면적	168㎡	50.8평
연면적	701.58㎡	212평
건축년도	2018년 8월	
구조/용도	생활형 숙박시설(원룸)	
층수	8층	
건축구성	다세대	

2. 투자분석

매매가액(A)	1,750,000,000				
보증금(B)	57,000,000	대출(C)	900,000,000	이율(%)	3.70%
자기자본(D) (A-B-C)	793,000,000	실투 수익률(%)	13.46%		
월수익	11,670,000	연수익	140,040,000	연이자	33,300,000
월순수익	8,895,000	연간순이익(E)	106,740,000	월이자	2,775,000

3. 특징

옵션	에어컨, 빌트인세탁기, 가스레인지, 냉장고, TV, TV받침, 인터넷
장점	
가구수	원룸 24개, 3룸 1개

내가 소유한 건물 중 가장 신축이며 생활형 숙박시설이다. 원룸 24개, 3룸 1개 등 총 25세대이다. 대출은 9억이 있으며 이번에는 대출 승계가 가능한 주택이니 아쉬워하지 말고 보길 바란다.

4. 고정비용 분석

구분	고정비용 내용	금액	비고
1	공용전기	150,000	
2	상수도 요금	160,000	
3	인터넷 요금	276,000	
4	전기안전	70,000	
5	엘리베이터	80,000	
6	소방	90,000	
합계		826,000	

고정비용이 생각보다 많이 나오는 건물이다. 엘리베이터부터 전기안전, 소방안전까지 비용의 종합 선물 세트 같은 건물이다. 총 826,000원이 매달 지출되고 있다.

5. 호수별 수입 현황(현재)

구분	호수	용도	보증금	월세	비고
1	201	원룸	2,000,000	430,000	
2	202	원룸	3,000,000	450,000	
3	203	원룸	1,000,000	400,000	
4	204	원룸	1,000,000	450,000	
5	301	원룸	3,000,000	400,000	
6	302	원룸	3,000,000	400,000	
7	303	원룸	2,000,000	430,000	
8	304	원룸	1,000,000	430,000	
9	401	원룸	3,000,000	420,000	
10	402	원룸	3,000,000	430,000	
11	403	원룸	2,000,000	430,000	
12	404	원룸	2,000,000	400,000	
13	501	원룸	1,000,000	450,000	
14	502	원룸	2,000,000	400,000	
15	503	원룸	1,000,000	410,000	
16	504	원룸	2,000,000	430,000	
17	601	원룸	3,000,000	450,000	
18	602	원룸	2,000,000	430,000	
19	603	원룸	1,000,000	410,000	
20	604	원룸	1,000,000	400,000	
21	701	원룸	2,000,000	430,000	
22	702	원룸	2,000,000	430,000	
23	703	원룸	2,000,000	430,000	
24	704	원룸	2,000,000	430,000	
25	801	3룸	10,000,000	1,500,000	
합계			57,000,000	11,670,000	

실투 수익률	12.21%	자기자본	793,000,000
		월간순이익	8,069,000

월수입이 1,167만 원 나오는 건물이며 월간 순이익은 800만 원 정도이다. 실투 수익률도 나쁘지 않게 12.12%로 나오고 있다.

6. 호수별 수입 현(최대 예상)

구분	호수	용도	보증금	월세	비고
1	201	원룸	3,000,000	450,000	
2	202	원룸	3,000,000	450,000	
3	203	원룸	3,000,000	450,000	
4	204	원룸	3,000,000	450,000	
5	301	원룸	3,000,000	450,000	
6	302	원룸	3,000,000	450,000	
7	303	원룸	3,000,000	450,000	
8	304	원룸	3,000,000	450,000	
9	401	원룸	3,000,000	450,000	
10	402	원룸	3,000,000	450,000	
11	403	원룸	3,000,000	450,000	
12	404	원룸	3,000,000	450,000	
13	501	원룸	3,000,000	450,000	
14	502	원룸	3,000,000	450,000	
15	503	원룸	3,000,000	450,000	
16	504	원룸	3,000,000	450,000	
17	601	원룸	3,000,000	450,000	
18	602	원룸	3,000,000	450,000	
19	603	원룸	3,000,000	450,000	
20	604	원룸	3,000,000	450,000	
21	701	원룸	3,000,000	450,000	
22	702	원룸	3,000,000	450,000	
23	703	원룸	3,000,000	450,000	
24	704	원룸	3,000,000	450,000	

25	801	3룸	10,000,000	1,500,000	
합계			82,000,000	12,300,000	

실투 수익률	13.59%	자기자본	768,000,000
		월간순이익	8,699,000
실 수익률 (대출제외)	7.87%		

최대 수입 현황을 보면 1,230만 원이 본 건물의 최대 수익이며 월간 순수익은 8,699,000원이다.

B 건물의 가격 대비로 본다면 최대 수익이 조금 적지만, 실 수익률이 7.87% 나오는 신축임을 감안해서 보면 나쁘지 않은 수익률이다. 신축임을 감안해서 6% 정도에 판다고 해도 매력적인 가격일 것이다. 23억에 매도해도 충분히 팔릴 매물이다. 이 건물은 구입한 지 2년 정도 되었다.

7. 호수별 수입 현황(최소 예상)

구분	호수	용도	보증금	월세	비고
1	201	원룸	55,000,000	60,000	
2	202	원룸	55,000,000	60,000	
3	203	원룸	55,000,000	60,000	
4	204	원룸	55,000,000	60,000	
5	301	원룸	55,000,000	60,000	
6	302	원룸	55,000,000	60,000	
7	303	원룸	55,000,000	60,000	
8	304	원룸	55,000,000	60,000	
9	401	원룸	55,000,000	60,000	
10	402	원룸	55,000,000	60,000	
11	403	원룸	55,000,000	60,000	
12	404	원룸	55,000,000	60,000	
13	501	원룸	55,000,000	60,000	
14	502	원룸	55,000,000	60,000	
15	503	원룸	3,000,000	450,000	
16	504	원룸	3,000,000	450,000	
17	601	원룸	3,000,000	450,000	
18	602	원룸	3,000,000	450,000	
19	603	원룸	3,000,000	450,000	
20	604	원룸	3,000,000	450,000	
21	701	원룸	3,000,000	450,000	
22	702	원룸	3,000,000	450,000	
23	703	원룸	3,000,000	450,000	
24	704	원룸	3,000,000	450,000	
25	801	3룸	10,000,000	1,500,000	
합계			810,000,000	6,840,000	

실투 수익률	97.17%	자기자본	40,000,000
		월간순이익	3,239,000

최소 수입 현황을 보면 놀랄 것이다. 자기자본 4,000만 원이 있으면 투자 가능하고 323만 원이나 수익이 들어오는 마법 같은 매물이다. 이 물건은 대출 또한 승계가 가능하므로 실제 4,000만 원으로 투자할 수 있는 주택이다.

투자한 지 2년 만에 5.5억의 시세 차익과 월세 1.9억을 받았으니 대성공이다. 다행히 이 건물은 쌍둥이 건물로서 두 건물 모두 나의 소유이다.

2년 만에 한 건물당 7.4억의 이익이 발생했고 총 14.8억 원을 벌어들였다. 물론 판 것은 아니지만 말이다. 하지만 나는 이 건물을 팔 생각이 없다. 매년 9,500만 원의 수익을 안겨주는 건물이기 때문이다.

이렇게 나의 자산은 커가고 있지만, 자산평가서에는 A, B, C 건물 모두 구입 당시 가격으로 자산을 평가하고 있다. 팔기 전에는 돈이 안 나오므로 미리 김칫국물을 마시지 않는 것이 나의 원칙이다.

15

실전 투자 준비 3단계

이 책을 읽으면서 수익형 투자에 관심이 생겼기를 바란다. 투자하기로 마음먹었다면 3가지를 준비하고 실전 투자를 해야 한다. 곧바로 시작한다고 해서 문제 될 것은 없지만, 다음 3가지를 먼저 준비한다면 더욱 효과적인 투자를 할 수 있다.

1. 구역 분석을 완료한다

내가 투자할 구역이 없는 상태에서 임장을 시작하면 건물의 디자인이나 수익률에 꽂혀서 계약하는 불상사가 생긴다. 다시 한번 강조하지만, 부동산 물건보다 우선인 것은 투자 구역이다. 투자를 희망하는 지역 즉 시, 구를 선택한 후 원룸이 있는 구역을 찾아내고 그 구역을 조사하여 A, B, C 등급을 부여해야 한다.

그리고 A, B, C 구역 외에 상업지역에 간간이 있는 원룸 건물도 분석할 필요가 있다. 밀집 상업지역에는 주거지역이 없으므로 원룸 건물이 없는 경우가 많다. 하지만 상업지역 선정 이전에 건설된 원룸 건물이 있거나 상업지역 바로 옆에 붙어 있는 주거지역에 원룸 건물이 있다면 이러한 구역은 A^+ 구역권이다. 수익률이 다소 낮더라도 투자하길 권한다.

A^+ 구역은 수요자가 넘쳐나서 늘 공실이 없고 심지어 대기 희망자까지 생기는 구역이다. A^+ 구역의 건물은 세입자가 집주인에게 연락해서 "혹시 방이 나오면 계약하겠습니다." 하며 예약을 하는 경우가 많다. 이런 건물들은 그 도시의 대장 건물이다. 원룸의 가격을 결정하는 기준 건물인 셈이다. 이러면 그 건물주가 월세를 올려야 A 지역의 건물도 따라서 올리고 B, C 지역도 점차적으로 따라 올리게 되어 있다.

공인중개사를 방문하여 임장할 때는 반드시 매물조사서 위에 A, B, C를 본인이 적어놓는다. 그래야 높은 구역은 가점을 주고 낮은 구역은 감점을 주면서 생각할 것이다.

2. 수익률 계산표를 10장 만들 때까지는 투자하지 않는다

임장을 다니면서 당연히 매물조사서를 받을 것이다. 이 자료를 바탕으로 용주주의 수익률표에 입력하여 실제 수익률이 얼마나 나오는지 확인한다. 그렇게 확인하다 보면 나만의 평가 기준이 생긴다. 신규 물건이 나오면 기존의 물건과 실제 수익률로 비교할 수 있다.

기존의 5개 수익률표가 있다면 추가된 수익률표로 수익률이 몇 등짜리인지를 확인할 수 있다. 6번째 검토한 물건이 1등 물건이라면 투자하고 싶어진다. 당연히 1등 물건을 찾았으니 기뻐할 것이다. 하지만 상대평가의 기준으로 1등 물건을 찾았다면 흥분을 가라앉히고 다시 생각해야 한다. 시장의 물건 중 최상의 물건을 찾는 것은 쉬운 일이다. 절대적인 기준으로 그 물건이 6~7% 수익이 나오는지 확인해 볼 필요가 있다.

지역에 따라 수익률의 차이가 있다. 특히 서울 지역은 수익률이 높지 않다고 불평하는 분들이 많다. 서울은 기본적으로 땅값이 비싼 지역이므로 상가와 원룸주택의 수익률 또한 수도권에 비해 낮다. 그럼 서울에 투자할 때는 절대수익률 기준을 낮게 설정해야 할까?

나는 '용주주' 수강생들에게 이렇게 조언한다. "수익률이 높은 지역으로 투자지역을 바꾸세요." 굳이 수익률이 낮은 지역에 투자할 이유가 있을까? 지가 상승이 예상되어 낮은 수익률 지역을 좋아한다면 아직 차익형 투자에 미련을 버리지 못한 것이다.

수익형 투자를 하면 투자 시기보다 월세가 올라 건물의 수익률도 자동으로 올라갈 것이다. 그럼 수년간 월세를 받아 수익을 얻고 나중에 차익도 보너스로 챙길 수 있다. 굳이 수익률이 낮은 지역에서 나의 소중한 종잣돈을 낭비하지 않기를 바란다.

최소한 10장의 수익률표를 가지고 있으면 전쟁 시 병법서를 10권 가지고 있는 것과 같다. 우리의 소중한 수익형 자산은 한 번 사서 1~2년 안에 파는 것이 아니다. 한 번 살 때 평생 가져간다는 마음가짐으로 선택해야 한다.

우리가 연애할 때와 결혼할 때를 생각해보자. 연애는 상대가 매력이 있으면 쉽게 연애를 할 수 있지만, 결혼은 여러 가지를 검토해서 신중하게 결정해야 한다. 결혼할 때 이혼을 염두에 두지 않는 것처럼 말이다. 수익형 자산 구입은 결혼하는 것과 같다.

나는 투자할 때 팔 것을 고려하지 않는다. 하지만 공인중개사들은 그렇게 생각하지 않는다. 5년 정도 수익이 나면 팔아서 상급 건물로 갈아타야 한다고 조언한다. 사실 대다수의 공인중개사가 이렇게 말한다. 여러분도 투자하면서 친해진 공인중개사가 이런 조언을 해줄 것이다. 하지만 나는 그 말에 공감하지 않는다. 우리는 아파트에 투자하고 평수 늘리기를 하면서 평생을 보낸다고 하지 않던가. 수익형 자산을 그런 관점으로 봐서는 안 된다. 나는 상급 건물에 투자하고 싶지만 기존 수익형 자산을 팔아서까지 할 필요성을 못 느낀다. 공인중개사의 머릿속에는 매입하고 매도하는 메커니즘이 박혀 있다. 그래야 돈을 버는 사람들이기 때문이다. 자꾸 팔고 사고, 팔고 사고를 반복해야 공인중개사는 수익을 챙기므로 그런 조언을 하는 것이다. 그들이 수수료를 받기 위해 꼼수를 부리는 것은 아니다. 머릿속으로 늘 팔고 사고, 팔고 사고의 생각을 하는 것뿐이다.

3. 가용현금을 파악한다

매일 가계부를 쓰고 매달 자산평가서를 쓰는데, 이제는 가용현금까지 조사하라고 하니 한숨이 나올 수도 있다. 나의 현금 자금만으로는 투자 준비를 할 수 없다.

실제로 투자하다 보면 좋은 물건이 운 좋게 내 눈앞에 나타난다. 그 물건은 놓치지 말고 반드시 잡아야 한다. 하지만 우리는 어떤 물건이 좋은지 검토하는 데 오랜 시간이 걸린다. 이것저것 갈등하다 보면 진짜 좋은 물건은 나보다 투자 스킬이 높은 고수가 가로챈다. 그렇기에 수익률 분석을 반복해서 연습해야 발 빠르게 결정할 수 있다.

진짜 급매 또는 좋은 물건이 나오면 신속하게 투자를 결정해야 한다. 하지만 말처럼 쉬운 일은 아니다. 나 또한 지금도 투자할 때는 심장이 쫄깃쫄깃한 느낌을 받는다. 하지만 나는 최소한 4시간 안에 투자 검토를 마치고 공인중개사에게 결정한 내용을 알려준다.

이것은 투자 스킬이 뛰어나서가 아니다. 가용현금이 어느 정도인지 항상 조사해놓고 있기 때문에 가능한 것이다. 가용현금이란 지금 당장은 없지만 전시 상황(투자할 때)에서 2~3개월 안에 만들어낼 수 있는 군자금을 말한다. 나는 매달 자산평가서를 작성할 때 한쪽 편에 가용현금

기재 서식을 만들어 관리하고 있다. 지금은 없지만 유사 시(투자할 때) 2~3개월 안에 동원할 수 있는 현금이 필요하기 때문이다.

투자하는 순간에는 그 투자 물건에만 집중해야 한다. 그래야 좋은 결과를 빨리 얻을 수 있다. 예를 들어, 썸을 타고 있는 여자와 데이트를 하기로 했다. 나는 그녀에게 잘 보이기 위해 오늘 최고로 멋진 옷을 입고 세차도 하고 향수도 뿌렸다. 그리고 영화도 보고 근사한 식사도 할 예정이다. 분위기에 맞춰 술 한 잔도 하려고 생각 중이다. 그런데 데이트 할 때 순간순간 내 지갑에 있는 돈을 확인하고 있다면, 아니 카드 한도가 꽉 차서 초과할까 봐 고민한다면 데이트에 온전히 집중할 수 있을까? 당연히 나의 근사한 모습을 그녀에게 100% 전달할 수 없을 것이다. 돈 걱정 없이 데이트에 집중해야 한다. 이렇듯 가용현금을 미리 파악하는 것은 투자할 때 집중도를 높이고 빠른 판단을 할 수 있는 능력인 셈이다.

가용현금은 어떻게 만들까?

❶ 청약통장 납부금이 있다.

청약통장을 해지하라는 말은 아니므로 걱정하지 마라. 청약통장에 납부한 돈이 1,000만 원 있다면 이 돈은 언제든지 사용할 수 있다. 청약통장을 담보로 대출을 받으면 된다. 그럼 은행에서 전액을 대출해준다. 이자를 납부하지만 청약은 그대로 유지된다.

❷ 연금저축보험이 있다.

연말정산 소득공제를 위해 증권사나 보험사 상품으로 가입한 연금저축보험이 있을 것이다. 전액 대출은 안 되지만 거의 90% 정도 대출할 수 있다. 전화 상담만으로도 대출이 가능하여 나 역시도 급할 때 사용하고 있다.

❸ 마이너스통장을 활용한다.

마이너스통장은 부족한 생활비를 보충하려고 만든 것이 아니다. 만약 마이너스통장을 생활비 목적으로 쓰고 있다면 잘못된 습관이니 고쳐나가길 바란다. 마이너스통장은 가용현금으로 활용해야 한다. 그리고 아내 또는 배우자의 마이너스통장도 가용현금으로 준비해 놓아야 한다.

❹ 인터넷은행의 여러 대출 상품을 알아본다.

카카오뱅크에는 비담보대출(신용대출)이 많이 있다. 비상금 대출, 마이너스 대출, 신용/중신용 대출, 개인사업자 대출 등 다양한 대출이 있다. 투자도 하기 전에 대출을 받아놓지 말고 일단 어느 정도 대출이 가능한지 여부만 체크해보자. 그러니 이 또한 가용현금이다.

❺ 가족 찬스

부모나 형제, 친구에게 투자를 준비한다고 알린다. 그런 후 가용현금이 필요할 때 일시적으로 융통할 자금이 있는지 문의한다. 대부분 남과

돈거래를 하지 말라고 하지만 사업자금도 아니고 안전한 수익형 투자금이라고 하면 융통해준다.

이렇게 생각지 못한 곳에서 돈이 화수분처럼 나오고 있다. 아직 그 돈을 갖고 있지는 않지만 투자할 때 활용할 수 있는 군자금을 확보해둔다면 투자 시 투자 물건에만 집중할 수 있다. 기존의 종잣돈과 가용현금을 더하니 자금이 많아짐을 느낄 것이다.

16

건물 구입 시 체크리스트

우리는 지방에 여행을 가면 유명 사찰이나 유적지 등을 둘러본다. 이때 건물이나 자연경관만 보고 오면 여행의 즐거움이 덜하다. 입장료가 아까운 관광지도 있다. 그런데 관광지에서 문화 해설사가 재미있게 이야기를 해주면 어떨까? 역사와 유래를 설명 듣고 나면 처마 끝이나 돌조각 하나에도 의미가 생겨 여행의 재미를 만끽할 수 있다.

원룸 건물 임장을 나갈 때도 마찬가지다. 임장을 다닐 때 처음에는 재미있지만, 여러 번 하다 보면 지루해지기 쉽다. 그냥 공인중개사가 소개하는 것을 보고 오면 재미가 없다. 반면에 나만의 체크리스트를 만들어 임장을 나가면 재미도 있고 정보를 오래 기억한다. 그러면서 좋은 물건의 기준도 만들어진다. 내가 오랜 시간 임장을 나가면서 만든 체크리스트를 여러분에게 공개하겠다.

체크리스트는 2가지로 나뉜다. 하나는 필수 체크리스트이고, 다른 하나는 가점 체크리스트이다.

건물 체크리스트(필수)

❶ 외관 구조

외관 구조는 건물의 마감 형태이다. 대리석, 벽돌, 드라이비트 마감 3가지로 볼 수 있다. 요즘 건물은 콘크리트 구조물로 지어졌다. 3가지 마감 형태는 콘크리트 구조물 외부 마감을 말한다.

- 대리석 마감은 외관이 가장 예쁜 대신에 비용이 비싸다.
- 벽돌 마감은 중간 정도의 비용이 든다.
- 드라이비트는 가장 저렴한 마감재이다.

요즘에는 드라이비트로 대리석 마감처럼 보이게 하는 공법을 많이 쓰고 있어 멀리서 보면 대리석으로 마감한 것처럼 보이기도 한다. 드라이비트는 리모델링하는 오래된 건물에 많이 활용한다. 비용이 저렴하기 때문인 듯하다.

단, 드라이비트는 내구성이 안 좋은 단점이 있다. 드라이비트로 시공한 경우에 벽면을 손으로 쳐보면 통통 하며 나무판 치는 소리가 난다. 내부에 무언가 비어 있는 듯한 소리 말이다. 만약 강하게 발로 차면 벽이 뚫릴 것 같은 구조다.

오래된 빌라를 드라이비트로 마감했는데 한쪽 벽의 일부가 뜯어져서 그 안에 콘크리트 벽이 그대로 드러나 보이는 건물을 본 적이 있을 것이다. 드라이비트는 주기적으로 페인트를 칠해야 하기 때문에 유지 비용도 많이 든다.

대리석이 가장 좋고, 중간 정도는 벽돌 마감이다. 드라이비트 건물은 추천하고 싶지 않다. 내가 보유한 건물 중에도 드라이비트로 마감한 건물이 있기 때문에 더욱더 잘 알고 있다.

❷ 불법 건축물

임장을 나갈 때 공인중개사에게 불법 건축물인지의 여부를 반드시 문의해야 한다. 불법이 없다고 해도 직접 확인하고 의심 가는 부분이 있으면 집주인에게 확인을 받아야 한다.

불법 건축물은 지금 당장 문제가 없을 수도 있지만 요즘 지자체에서는 수단과 방법을 가리지 않고 불법 건축물을 줄여나가려고 애쓴다. 예를 들면 건축물대장에 위반 건축물임을 표시한다든지, 담보 대출을 규제한다든지, 임대사업자 가입을 못 하게 하는 등 지자체에서 할 수 있는 방법을 총동원할 것이다. 앞으로 지자체에서는 더욱 많은 규제 방법을 찾아 집주인이 원상복구하도록 유도할 것이다.

❸ 균열과 누수

임장을 나가서 균열과 누수를 확인하기는 매우 어렵다. 외부에 물이 흘러내린 흔적을 확인하는 것이 전부다. 계약이 성사되는 단계에 와서도 균열과 누수를 확인할 수 있는 방법은 없다. 하지만 걱정할 필요는 없다. 잔금 납부 전에 모든 방의 상태를 확인할 것이기 때문이다. 그리고 잔금을 납부했어도 보호를 받는 방법이 있다.

계약할 때는 3가지의 서류를 공인중개사가 매도인, 매수인에게 제출한다. 3가지나 준다고 놀라는 분도 있다. 계약할 때 여러분도 다 받은 서류다. 기억이 안 날 뿐이다.

첫째, 계약서. 다 알 것이다.

둘째, 중개대상물 확인 설명서. 이것을 주면서 공인중개사가 계약 시 읽어주고 설명한다. 대상물에 관한 정보, 권리관계, 토지이용 관계, 입지 조건, 내부 및 외부 시설물 상태 등이 있다. 기억이 안 날 수도 있다. 근처의 병원, 할인매장이 도보로 몇 분 걸리고 하는 설명을 들었는데, 이미 다 알고 있는 사실이라 귀 기울여 듣지 않았을 뿐이다.

여기 내부 및 외부 시설물 상태에 외벽의 균열 정도나 누수 등을 체크하고 정상이라는 표기가 되어 있을 것이다. 이것만 있으면 잔금 시 누수가 발견되거나 심한 결로가 있는 경우 보수를 해주거나 보상을 받을 수 있다. 허위 계약이므로 수리나 배상도 요구할 수 있다.

셋째, 공제증서. 공인중개사 상호가 적혀 있는 한국공인중개사협회라고 쓰인 종이 한 장을 받는다. 공제금액 1억 원이라고 써 있다. 이 증서는 공인중개사의 허위 계약으로 인한 피해가 발생할 때 청구할 수 있는 보험과 같은 것이다. 만약 매도인이 균열과 누수에 대해 배상을 거부하면 공인중개사에게 그 책임을 물을 수 있다. 실제 사용한 적은 없지만 알고 있으면 좋을 듯하여 소개한다.

❹ 건물 연식

우리나라는 2012년을 기준으로 주택법이 변경되었다. 2012년 이전에는 완전 원룸 형태의 집을 지을 수 있었지만, 2013년 이후로는 원룸, 투룸의 조합형 건축을 하기 시작했다. 이것은 세대당 주차대수가 2012년부터 올라갔기 때문이다. 세대당 주차가 0.7대에서 1대로 상향되면서 2013년 이후 건물은 동일 평수 기준 세대수가 감소해 버렸다. 그렇다 보니 수익률 또한 낮아질 수밖에 없었다. 임장을 나가 보면 2012년도 이후의 주택부터는 수익률이 눈에 띄게 낮아지는 것을 알게 될 것이다.

사실 내가 건축법을 알면 얼마나 알겠는가? 여러분과 같은 초보 수준이다. 수익률표를 만들다 보니 2013년 이후 물건의 수익률이 현저히 낮아서 공인중개사에게 문의하여 알게 된 사실이다. 그래서 2012년 또는 2013년 건축물이 수익률이 높은 건물 중 가장 젊은 건물이라는 것을 알고, 될 수 있으면 2012년에 지은 건물에 투자하기 시작했다.

생활형 숙박시설의 경우에는 2021년 11월을 기준으로 이전 건물에 대해서 오피스텔로 변환이 가능하다고 정부 발표가 나와 있는 상태다. 2021년 이후 건설분에 대해서는 반드시 숙박업을 등록하여 운영해야 한다는 뜻이기도 하다. 그러니 2021년 이전 생활형 숙박시설과 이후의 건물은 가치를 다르게 판단할 것이다.

❺ 방 구조

원룸의 방 구조는 어떤가? 원룸이니 방이 하나일 것이고 화장실과 싱크대가 있을 뿐 뭐가 더 있을까? 아파트처럼 여러 구조가 나올 수 있을까?

원룸의 구조는 3가지로 볼 수 있다.

첫째는 오픈형이다. 주방(취사 공간)과 방이 오픈되어 있다.

둘째는 분리형이다. 분리형은 오픈형 원룸의 공간이 슬라이드 문으로 분리되어 있는 형태를 말한다. 대부분 남성 임차인은 오픈형과 분리형을 고려하지 않고 방을 선택한다. 하지만 여성 임차인은 분리형을 고집하는 경우가 많다. 왜냐하면 남성은 취사를 거의 하지 않고 취사를 하더라도 크게 불편해하지 않는다. 반면에 여성은 취사하는 경우가 많고 취사 시 옷에 음식 냄새가 배는 것을 매우 싫어한다. 그래서 원룸에 살아본 경험이 있는 여성은 분리형을 선호한다.

셋째는 발코니가 있는 형태이다. 이 구조는 결로가 없고 발코니에 세탁실과 보일러실을 넣을 수 있어 편리하다. 세입자는 수납공간이 있고 난방비가 절감되는 효과를 볼 수 있다.

정리하자면, 분리형에 발코니가 있는 형태의 원룸이 최상의 인기 원룸이다. 인기가 있다는 것은 월세를 다른 건물보다 더 받을 수 있다는 장점이 있는 것이다.

여기서 의문을 제기하는 분이 있을 것이다. "발코니는 추가로 만들 수 없지만 중문 정도는 소액으로 공사할 수 있을 텐데?" 맞다. 일부 원룸은 중문을 설치할 수 있는 구조로 되어 있다. 하지만 중문을 설치하면 방이 작아 보인다. 그래서 방이 작은 구조의 원룸은 중문을 설치하지 않는다.

한 가지 더 설명하자면, 1.5룸이라는 것을 들어본 적이 있을 것이다. 2룸이면 2룸이지 1.5룸은 무엇인가? 1.5룸은 분리형 원룸 중 주방 공간이 비교적 커서 2인용 식탁 정도를 놓을 수 있는 공간이 있는 원룸을 말한다. 사실 원룸이나 마찬가지다.

가점 체크리스트(가점 평가)

❶ 현관문 형식: 자동식, 수동식

❷ 복도의 형태: 원룸 규모가 큰 경우 기다란 복도에 방문들이 달려 있을 것이다. 이때 복도 양측에 문이 있는 경우를 생각해보자. 여성의 입장에서는 집에 들어가려고 비밀번호를 누르는데 맞은편 세입자가 옆에 서 있다면, 과연 비밀번호를 누를 수 있을까? 맞은편 방 입주자가 먼저 들어가기를 기다릴 것이다. 이렇게 마주 보는 복도의 형태는 좋은 구조가 아니다.

❸ 옥상 방수 여부

❹ 개별 방 시설물, 시설물(옵션) 상태: 상, 중, 하

❺ 개별 방바닥: 데코타일, 장판, 나무마루

❻ 고정비용

❼ 전등 종류: LED, 형광등

❽ 현관문 형태: 스마트 도어록, 단순 도어록

❾ 주차 공간: 건물 내, 주변 주차 공간

❿ 토지 형태와 평수: 주거, 준주거, 상업

⓫ 수도함 여부: 아파트의 경우 현관문에 들어가기 전에 수도함이 설치되어 있어 물을 잠그고 열 수 있다. 그리고 관리소 직원이 이 수도함의 계량기 지침을 체크하여 상수도 요금을 부과한다. 하지만 원룸의 경우는 개별 수도함 설치가 의무 사항이 아니다. 원룸에 수도 관련 공사를 하려면 수도함이 개별로 있는 경우 밸브를 잠그고 공사하면 되지만, 없는 경우에는 밖에 있는 메인 밸브를 잠가야 한다. 그때 다른 세대에 물 공급이 중단되어 불편함이 생길 수 있다. 일일이 세입자들에게 문자를 보내고 조치해야 하는 번거로움이 있다.

⓬ 외부 새시: 창 두께

이처럼 가점 체크리스트는 12가지가 있다. 필요에 따라 각자 추가해서 만들면 된다. 그리고 항목별로 점수를 0~5까지 부여하여 총점을 산출한다. 각각의 건물마다 점수가 다르게 나올 것이다. 그러면 임장을 통해 매물조사서, '용주주'의 수익률표, 건물 체크리스트(필수), 체크리스트(가점) 등 4가지의 서류가 만들어질 것이다. 이것을 투자 클리어파일에 차곡차곡 정리하다 보면 투자의 스킬이 반드시 좋아진다.

17

셀프 임장하는 법

구역 단위의 분석이 끝나면, 곧바로 매물을 조사하는 분들이 많다. 구역을 먼저 탐색하라고 당부하고 싶다. 식사를 마치고 산책할 겸 구역을 돌아다녀 보자. 편의시설이나 쓰레기 버리는 위치, 골목의 주차 편의성, 치안이 불안한 골목 등을 자연스럽게 파악할 수 있다.

구역 단위로 평일 저녁에 임장을 다녀라

임장을 다닐 때는 주말이나 낮보다는 평일 저녁에 가는 것이 좋다. 주말에는 유동 인구가 줄고 주차 공간도 평일과 다르다. 낮 시간대에는 거리가 밝고 산뜻하지만 그 풍경이 밤에도 같을 거로 생각하면 안 된다. 주말에 건물의 주차 공간이 여유롭다면, 집에 있는 세대가 적다는 방증이다.

나는 평일 저녁에 아내와 커피 한 잔 마실 겸 산책을 한다. 음침한 골목이 보이면 '과연 내 딸이 원룸을 얻어 분가한다고 할 때 이 구역에서 살게 할까?'라는 생각이 퍼뜩 든다. 저녁에 주차 공간이 여유로운 주택을 지날 때는 '남성 거주자가 많겠구나.'라고 짐작한다. 주차 공간이 부족하지만 신축인 건물을 둘러보며 '여성 거주자가 선호할 만한 건물'이라고 눈도장을 찍는다.

내가 소유한 자산 중에는 여성이 한 명도 살지 않는 건물이 있다. 그 원룸 건물은 시설이 낡아서 비용이 저렴하다. 집으로 오는 길목이 음침해서 여성 세입자가 선호하지 않는다. 하지만 내 소유의 건물 중에서 가장 인기가 높다. 공실이 발생하면 3~4시간 안에 방이 나가는 마법 같은 건물이다. 그 이유는 바로 '구역'에 있다. 내가 사는 평택 지역에서 인기 있는 구역에 속한다. 이 구역에서 월세가 가장 저렴한 건물이기도 하다. 시설이 낡아서 월세를 많이 받을 수는 없지만, 수익률이 가장 높은 알토란 같은 건물이다.

출퇴근 동선을 파악한다

원룸 건물에 투자할 때는 수요층 분석이 중요하다. 공업지역에는 공장 근로자가 많고, 대학가 근처에는 대학생이 많겠지만, 그밖에 일반 직장인이나 서비스업 종사자들의 수요도 있는지 알아봐야 한다. 누가 건물에 사느냐에 따라 수요자층이 결정된다.

가장 좋은 원룸 건물은 다양한 수요자가 사는 건물이다. 직장인, 공장 노동자, 대학생, 교사, 서비스업 종사자 등 다양한 세입자가 찾는 건물이 최고의 건물이다. 이런 건물은 경기 침체가 오더라도 가장 둔감하게 반응한다.

예를 들어, 공장이 밀집한 공업지역에 원룸 건물이 있다고 가정해보자. 근처 상가에 있는 병원 간호사가 이 원룸 건물에 방을 얻을까? 원룸에 공장에서 일하는 남성 근로자들만 우글우글하다면 여성들은 버스를 타고 이동해서라도 다른 구역의 원룸 건물에 방을 얻을 것이다. 특히 외국인 노동자가 많이 거주한다면 더더욱 여성 수요자는 줄어들 수밖에 없다.

이처럼 직장과 가까운 거리에 있는 원룸이라고 해서 인기가 있는 것은 아니다. 일반적으로 출퇴근하기 편해서 직장과 가까운 원룸을 선호할 거로 생각하기 쉽지만 꼭 그렇지는 않다. 실제 거주자는 회사에서 조금 멀더라도 시내 상권이 있는 곳에 방을 얻는다. 퇴근 후에 여가를 즐기고 싶기 때문이다. 공장 근처의 외딴 원룸에 처박혀 있고 싶은 사람은 거의 없다.

원룸 구역을 분석할 때는 평일 아침 출근 시간에 구역을 돌면 가장 좋다. 세입자들이 집에서 나와 어디로 출근하는지를 파악할 수 있다. 전철역으로 향하는지, 버스 정류장으로 가는지, 자가용을 이용하여 어느 길로 나가는지를 알 수 있다. 원룸 구역이 세입자 기준으로 교통이 편리한지를 눈여겨봐야 한다.

아침에 시간을 내기 어렵다면, 저녁에 구역을 돌아다녀 보자. 간간이 퇴근하는 사람들을 볼 수 있다. 그들이 직장에서 바로 오는 길인지는 알 수 없다. 하지만 퇴근 경로를 파악하는 것은 중요하다. 퇴근 시간은 출근 시간과 비교해 자유로울 수 있어 오랜 시간 지켜봐야 한다.

각각의 구역을 둘러보며 출퇴근 경로를 파악하고 편의성 여부를 따져보는 것은 좋은 입지를 찾기 위한 기본 활동이다.

원룸 건물을 찾고 내부를 확인하는 법

구역을 현지 답사하다 보면 다세대주택인지 원룸 주택인지 도통 알 수가 없다. 이럴 때는 우편함을 확인해보자. 우편함은 보통 건물 입구 주변에 있다. 다세대주택은 한 층에 1~2호 정도이고, 원룸 건물에는 우편함 수가 많다.

또 한 가지 확인할 것이 있다. 건물의 측면이나 뒷면을 살펴보자. 가스계량기가 있을 것이다. 세대수에 맞게 가스계량기가 붙어 있다. 이때 계량기 숫자를 세는 것은 별 의미가 없다. 중요한 것은 가스 밸브에 노란색 캡이 달려 있는지의 여부다. 세입자가 이사하면 도시가스 업체에서 가스 밸브를 잠가놓고 노란색 캡으로 마감한다. 다음 세입자가 왔을 때 신규 세입자 등록을 하면 다시 열어주는 시스템이다. 건물의 공실 수를 확인하는데 이보다 좋은 방법은 없다.

이번 주에 가스 밸브가 2개 잠겨져 있었다면, 다음 주에 와서 꼭 확인해보자. 노란색 캡이 여전히 2개 잠겨져 있다면 아직도 방이 나가지 않은 것이다. 비인기 건물이라고 판단할 수 있다.

임장을 다니다 보면 건물 내부의 공용시설을 보고 싶은 건물들이 있다. 공용 현관문은 대부분 굳게 잠겨 있고 비밀번호를 눌러야 들어갈 수 있다. 나는 주저하지 않고 현관문을 열고 들어간다. 어떻게?

공용 현관문의 비밀번호는 주위에 반드시 적혀 있다. 그 위치는 주로 현관문 바로 옆 벽이거나 비밀번호 누르는 버튼 근처다. 만약 없다면 유리문 둘레의 실리콘을 보자. 반드시 비밀번호가 있다. 대부분의 주택에는 공개 비밀번호가 존재한다. 택배 기사나 배달원 등이 본인의 편의를 위해 적어놓는다. 그들은 비밀번호를 알기 때문에 택배를 우리 집 앞에 두고 가거나 음식을 배달하는 것이다.

내가 소유한 건물에도 공용 현관문 주위에 비밀번호가 여러 군데 써 있다. 처음에는 보일 때마다 지웠는데, 나는 그들의 조직력을 이길 수 없었다. 지우면 쓰고, 또 지우면 다른 곳에 써놓고 갔다.

건물 안으로 들어가면 궁금했던 공용시설과 청소, 관리, 노후 상태 등을 확인한다. 엘리베이터를 타고 최상층으로 올라가서 건물 내부를 꼼꼼히 확인하며 걸어 내려온다.

필수 체크리스트 기준에 만족하는 주택을 찾아라

구역을 셀프 임장하면서 필수 체크리스트에 부합하는 건물들을 찾았다면? 건물 이름과 주소, 호수 등을 메모한다. 집에 와서 나의 지도에 그 건물들을 표시하고 임장할 때 살펴본 내용을 구체적으로 빠짐없이 기록해둔다. 만약 이 중에 매물로 나온 건물이 있다면 구입할 때 많은 도움이 된다.

필수 체크리스트는 좋은 건물을 고르기 위한 기본 중의 기본이다. 메모한 것을 다시 찾아보지 않아도 될 만큼 익숙하게 또는 충분히 알고 있어야 한다. 건물을 눈으로 금방 훑고 체크리스트대로 죽 살펴야 한다.

우리는 아파트나 연립주택을 구입하거나 전세를 얻을 때 결정하는 기준이 많다.

우선 남향을 선호한다. 남향이어야 햇살이 잘 들어오고 따뜻하다고 여기기 때문이다. 남향 건물은 단독주택의 경우 대문의 방향이 남쪽인 것이고, 아파트나 연립주택의 경우에는 거실 창 기준의 남향을 말한다.

하지만 원룸 건물을 고를 때는 남향의 기준이 애매모호하다. 원룸 건물에서 남향의 기준은 공용 현관문일까? 아니면, 각방의 창일까? 원룸 주택은 여러 방향으로 창이 나 있다. 어떤 방은 남향이고 어떤 방은 북향이다.

사실 방향은 크게 문제가 안 된다. 공동주택 입구가 남향이면 습하지 않고 겨울에 눈이 와도 금방 녹아서 좋다. 장점은 이 정도뿐이다. 남향 주택의 뒤편 주택은 당연히 북향이다. 택지를 만들 때 계획도시에는 대부분 2줄씩 2열 종대로 건물을 줄지어 짓는다. 그런 이유로 절반은 남향, 나머지 절반은 북향이다.

내 집이 남향이라면 뒷집을 위해 마지막 층의 일조 공간을 확보해줘야 한다. 그래서 주택의 구조를 보면 대부분 마지막 층은 발코니 공간이 있고 작게 지어진 것을 볼 수 있다. 반면에 북향 주택은 그럴 필요 없이 직사각형으로 반듯하게 집을 지을 수 있다.

남향보다는 북향 건물이 수익률이 높다. 공간을 최대한 활용하여 건설할 수 있는 장점이 있기 때문이다. 나는 건물을 구입할 때 북향 건물을 더 선호한다.

18

"부동산 임장은 이렇게 해야지" 고수의 실전 꿀팁

구역을 정했다면 임장을 하면서 물건을 확인해야 한다.

구역을 선정할 때는 직방, 다방에서 월세나 전세 수요를 보라고 앞에서 설명했다. 직방, 다방에는 매매 물건이 존재하지 않는다. 월세와 전세에 특화되어 있을 뿐이다. 이제는 '네이버부동산'과 '부동산114'에서 내가 원하는 매물을 찾아야 한다. 하지만 이런 사이트에는 생각한 것보다 매물이 많지 않고 좋은 매물 또한 없다. 부동산 중개사무소에 방문해도 원룸 매물을 중개하는 공인중개사를 찾기도 쉽지 않다. 그렇다면 어떻게 임장을 해야 할까?

효과적으로 임장하는 방법

처음 해야 할 일은 네이버부동산을 통해 내 투자 구역에서 원룸 매물이 있는 부동산 중개사무소를 찾는 것이다. 그 매물이 마음에 들든 안 들든 상관없다. 우리는 매물을 확인하러 네이버부동산에 들어간 것이 아니다. 원룸 매물이 있는 공인중개사를 찾는 목적으로만 사용하면 된다.

공인중개사를 찾았다면, 전화하고 직접 만나서 물건들을 확인해보자. 여기서 주의할 점이 있다. 공인중개사에게 전화하고 곧바로 만나서는 안 된다. 최소한 3~4일 후에 만나는 것이 좋다. 왜 그럴까? 곧바로 만나면 공인중개사가 네이버부동산에 올려놓은 매물만 보여줄 확률이 높다. 3~4일 후에 방문 약속을 잡아야 공인중개사는 다른 부동산 중개소의 매물도 조사하여 최소 3~5개의 매물을 준비해놓고 기다릴 것이다. 공인중개사에게 더 많은 매물을 준비할 시간을 주어야 한다. 이렇게 해야 효과적인 임장을 할 수 있다.

공인중개사를 만나서 같은 차로 이동하며 임장이 시작된다. 이때 공인중개사는 매물조사서를 보여주면서 확인하게 해주기도 하고, 그냥 말로만 설명하기도 한다. 만약 말로만 설명하는 공인중개사라면 매물만 보고 다시는 연락하지 않아야 한다. 이런 공인중개사는 어떻게 손님을 응대해야 하는지조차 모를 뿐 아니라 십중팔구 건물을 팔아본 경험이 거의 없을 것이다.

공인중개사가 모두 원룸 건물의 매매에 능통한 것은 아니다. 월세, 전세에 특화된 사람이 있고, 아파트와 토지에만 주력하는 공인중개사도 있다. 공인중개사들도 각자의 전문 분야가 있다. 물론 원룸 건물을 간혹 중개하지만 전문성이 떨어진다. 부동산 중개소 앞 유리에는 세무 상담부터 토지, 주택, 아파트, 원룸을 다 취급한다고 붙여 놓았지만 실제로 임장을 하다 보면 원룸 건물의 매매가 전문이 아닌 공인중개사를 심심치 않게 볼 수 있을 것이다.

공인중개사와 함께 임장할 때는 카카오맵을 켜놓고 이동할 것을 권한다. 간혹 내가 원하는 곳은 A구역인데, B구역이나 C구역을 보여주는 경우도 있기 때문이다. 이때는 공인중개사에게 내가 원하는 구역이 아니라고 분명하게 말해야 한다. 내가 원하는 구역이 어디서부터 어디까지인지를 설명해주는 것은 중요하다.

공인중개사는 일단 물건을 많이 보여주려고 한다. 구역을 정하지 않았을 때는 성의를 받아들이고 참고삼아 본다고 생각하면 그만이지만, A구역에 물건이 있어서 왔는데 다른 구역만 보여준다면 항의해야 한다.

순조롭게 임장을 마쳤다면, 공인중개사에게 잘 보았다고 인사하고, 혹시 또 다른 물건이 나오면 연락해달라고 요청한다.

이런 임장활동을 통해 4~5명의 공인중개사를 만나서 물건을 확인하고 오면 된다. 그리고 좋은 물건이 나오면 꼭 연락해달라는 말을 남긴다.

공인중개사는 투자자의 파트너

임장하면서 보통은 공인중개사에게 5개 정도의 매물을 소개받는다. 5명의 공인중개사를 만난다면 25개 정도의 매물을 확인할 수 있다. 중복되는 것은 빼더라도 15~20개의 매물 정보를 확보할 수 있을 것이다. 그럼 이제 투자를 시작해도 될까? 아직 멀었다. 지금부터가 시작이다.

공인중개사로부터 소개받은 20개의 매물 중 과연 투자할 만한 물건이 있을까? 거의 없다. 재고 상품일 확률이 높다. 안 팔리는 매물이 대부분이다. 그중에는 몇 년째 안 팔리고 있는 악성 재고도 있다.

이제부터는 기다리기 단계로 넘어가야 한다. 나는 3개월 정도 기다리는 편이다. 첫 투자를 준비하는 분은 3개월은 너무 긴 시간이니 2개월이 적당하다. 2개월 동안 임장하지 않고 기다려보자. 과연 임장을 같이한 5명의 공인중개사 중에서 추가 매물이 나왔다고 전화하는 사람이 있을까? 거의 없다. 기분 나빠할 필요는 없다. 그때가 공인중개사들에게 전화할 타이밍이다.

"안녕하세요. 2개월 전에 원룸 건물을 보러 갔던 사람입니다."

기억해주면 고맙고, 기억을 못 해도 본론을 말하면 된다.

"그때 추가로 나오는 매물이 있으면 알려달라고 부탁드렸는데, 연락이 없으셔서 전화드렸습니다."

만약 추가 매물이 있다면 공인중개사는 문자나 카톡으로 매물조사서를 보내준다. 아니면, 기존 매물 중 가격이 변동된 것을 안내해줄 것이다.

지금부터 나오는 매물은 신상이거나 세일 상품이다. 배우고 익힌 대로 신속하게 신상을 검토한다. 검토하는 속도는 점점 빨라질 것이다. 프로 또는 고수가 되는 과정이다.

공인중개사들과 전화를 주고받으면서 이제부터는 신상이 나오면 바로바로 물건을 보여주는 일들이 빈번해진다. 그때마다 다시 분석을 시작하면 된다.

이때 주의할 점이 하나 있다. **공인중개사가 신상 물건을 보여주면 반드시 며칠 안에 검토하고 피드백을 해줘야 한다.** 살 건지 말 건지. 만약 구입하지 않는다면 왜 그런지 그 이유를 설명한다. 가격이 비싸다든지, 구조가 안 좋다든지, 건물이 낡았다든지 등을 솔직하게 전달한다.

공인중개사는 그 얘기를 듣고 내가 원하는 물건이 무엇인지를 알아차린다. 그리고 거기에 근접한 물건을 찾아서 보여주려고 애쓴다. 그럴 때마다 예의를 갖춰 공인중개사에게 감사 인사를 전하면 더욱 신이 나서 적극적으로 응대한다.

공인중개사와 관계를 돈독하게 유지하는 것은 중요하다. 진짜 급매, 좋은 물건이 나왔을 때 공인중개사의 머릿속에 제일 먼저 내가 떠오르게 해야 한다.

구역에 3~5명의 전문 공인중개사만 알아도 투자하는 데 아무런 문제가 없다. 그들과 자주 연락하고, 의견을 나누고, 식사도 하면서 친해져야 한다. '나는 물건을 사는 사람이니 갑이다.'라고 생각해서는 좋은 결과를 얻을 수 없다. 공인중개사는 나의 투자 파트너라고 생각해야 한다.

19

급매 살 때 수천만 원 아끼는 꿀팁

공인중개사와 지속하여 친밀한 관계를 유지해야 한다. 진짜 급매물을 소개받을 수 있기 때문이다. 공인중개사로부터 급매물이 있다는 연락을 받고 매물조사서를 확인했다면 좋은 기회가 온 것이다. 당황하지 말고 순차적으로 행동하면 된다.

체크해야 할 4가지

❶ '용주주' 수익률표에 넣어본다.

공인중개사에게 받은 매물조사서를 바탕으로 현재 월세가와 전세가를 수익률표에 넣어본다. 급매물의 수익률이 예상보다 낮다면 곧바로 공인중개사에게 연락한다. 수익률이 낮아서 투자하기 어렵다고 말하면 된다. 만약 수익률이 높다면 2단계로 들어간다.

❷ 법무 비용을 알아본다.

주거래 법무사가 있는 경우 주소와 구입가를 보내주면 비용을 검토하여 연락해준다. 사실 우리는 취등록세 정도는 간단히 계산할 수 있다. 실제 투자에서는 법무사에게 정확히 알아보는 것이 좋다. 간혹 법무사는 세금을 절감하는 방법을 알려주기도 한다. 아직 주거래 법무사가 없는 경우에는 근처 법무사 사무소에 의뢰하면 대략적인 취등록세와 법무 비용을 알 수 있다.

나의 주거래 법무사는 1시간 안에 분석하고 전화로 이렇게 말한다.

"사장님, 취등록세는 법무사 수수료 포함하여 1,200~1,300만 원 나옵니다. 특별히 감면받을 사항은 없고요."

여러분에게도 급매물의 취등록세와 법무 비용을 알아보는 기회가 오기를 바란다.

❸ 신규 대출이나 대출 승계 여부를 확인한다.

나는 은행 지점장이나 대부계 담당에게 연락하면 몇 시간 안에 대출 여부를 알 수 있다. 대출이 안 될 때는 신용대출이라도 가능한지를 검토해준다.

직장인은 잠시 외출하여 은행을 방문해야 한다. 상담 창구에서 문의

하면 2~3일 정도 지나야 대출 가능 여부를 알 수 있다. 은행의 벽이 높다는 것을 실감할 것이다. 대출을 알아볼 때는 반차나 조퇴를 하지 말고 공인중개사에게 요청하는 편이 낫다. 건물을 중개할 정도의 공인중개사는 은행의 대출 담당과 좋은 관계를 유지하고 있다. 또는 대출 대행업자(대출이모)를 알고 있어서 하루나 몇 시간 안에 확인해준다. 이런 경우에는 본인의 간단한 개인정보나 신용등급 정도만 전달해도 대출 여부를 알 수 있다.

❹ 카카오맵의 로드뷰로 해당 건물을 검색하고 필수 체크리스트로 점검한다.

이때 건축물대장과 등기부등본이 있으면 도움이 된다. 이 두 가지 서류는 인터넷으로 발급받을 수 있다. 공인중개사에게 건축물대장의 건축물 현황도를 가지고 있는지 물어본다. 건축물 현황도가 있으면 내부 구조까지 도면으로 확인할 수 있다. 또한 공인중개사에게 건물 내부의 방 사진을 찍어 놓은 게 있는지 문의한다. 공인중개사는 월세나 전세를 주기 위해 방 사진을 찍어서 가지고 있다. 요청하면 내부 방도 사진으로 볼 수 있다.

위의 4가지를 모두 체크해야 한다. 필수 체크리스트로 검토했는데 수익률이 좋아서 마음에 든다면 다행이다. 게다가 실제 투자금도 가능하고, 법무 비용도 낼 정도라면 금상첨화다.

공인중개사에게 전화해서 미팅 약속을 잡는다. "저녁에 퇴근하고 방문하겠습니다."라고 말하면, 공인중개사는 선약이 있더라도 취소하고 여러분을 기다릴 것이다.

저녁에 공인중개사와 함께 급매로 나온 건물 앞에 섰다. 늦은 저녁이라 어둡긴 하지만 건물을 체크할 수 없을 정도는 아니다. 급매 임장을 왔을 때도 순차적으로 점검하면 된다.

급매 매물이 나에게 왔을 때 임장을 주말로 미뤄서는 안 된다. 몇십억 하는 건물이 3~4일 안에 안 팔린다는 보장 또한 할 수 없다. 진짜 좋은 가격의 물건은 하루 만에도 계약된다. 나 역시 급매로 나온 건물을 하루 만에 계약한 적도 있다.

조건부 가계약

❶ 수익률 계산표로 검산한다.

실제 방의 숫자를 확인하고, 주변 원룸의 상태도 주의 깊게 살핀다. 그런 다음 수익률표로 검산한다.

❷ 가점 체크리스트를 확인한다.

필수 체크리스트가 아닌, 가점 체크리스트를 하나씩 점검한다. 사진을 찍어두는 것도 좋은 방법이다. 가점 체크리스트를 분석한 결과, 평균 이상의 점수가 나오는 건물이라면 충분히 투자할 가치가 있다.

❸ 여러 조건을 따져 봤을 때 만족스러운 물건이라면 조건부 가계약을 한다.

'조건부 가계약'은 처음 듣는 용어일 것이다. 내가 만든 말이니 처음 듣는 것은 당연하다. 공인중개사에게 소개받은 급매물을 저녁에 1시간 정도 둘러보고 곧바로 계약하는 사람은 없을 것이다. 놓치고 싶지 않은 물건인 경우에는 가계약을 하면 된다.

공인중개사에게 이렇게 말한다.

"저녁에 봤지만 물건은 마음에 듭니다. 밝은 대낮에 와서 다시 한번 확인하고 싶습니다. 실제로 방에도 들어가 둘러보고 싶은데, 괜찮을까요?"

공인중개사는 며칠 내로 방을 볼 수 있게 해주겠다고 제안할 것이다. 이때 "지금 가계약금을 걸어놓고 싶은데요."라고 말하면 공인중개사는 얼굴이 밝아진다. 대신에 조건이 있다고 덧붙여야 한다.

"3일 안에, 건물을 낮에 확인하고 내부 방도 직접 볼 수 있는 시간을 주십시오. 만약 확인했는데 마음에 안 들면 가계약금을 조건 없이 돌려주셔야 합니다."

이렇게 제안하면 공인중개사는 문제없다고 하거나, 매도인에게 물어봐야 한다고 대답할 것이다. 후자의 경우에는 곧바로 매도인에게 전화를 걸어 그 제안을 받아줄 수 있냐고 물어보라고 해야 한다. 당장 내가 보는 데서 말이다. 그러면 공인중개사는 매도인에게 전화하여 확인해 준다. 대부분의 매도인은 3일 정도는 기다려 줄 수 있다며 제안을 받아들인다.

그런 다음 가계약금을 송금한다. 이때 가계약금의 액수는 중요하지 않다. 대략 2,000~3,000만 원 정도면 충분하다. 만약 너무 좋은 급매물인 경우에는 매도인이 변심할 수도 있으니 매매가의 10%를 송금하는 것이 좋다. 매도인이 마음을 바꾼다면 두 배의 값을 배상해야 하니 계약금을 많이 보내는 것이다. 가계약금을 송금하고 나면 흥분한 마음을 가라앉히고 3일간 진짜 좋은 투자인지 천천히 검토하면 된다.

❹ 마지막 단계는 공인중개사와 수수료를 협의하는 것이다.

공인중개사에게 잘 모르는 척하면서 이렇게 말해보자.

"이렇게 큰 건물을 구입하는 게 처음이라서 그런데요, 중개수수료는 얼마나 되나요?"

공인중개사는 아직 확정되지 않은 계약이므로 최대 0.9%가 아니라 낮은 수수료율을 제안할 것이다. 나는 "수수료는 0.5% 정도 드릴 수 있습니다."라고 먼저 제안한다. 매매할 때 0.5%만 주는 것으로 소문이 나서 공인중개사들에게 반감을 사지는 않는다.

• 중개수수료 줄이는 팁

다세대주택을 매매할 때는 등기가 호수별로 나오므로 계약서를 나누어 쓰는 것이 원칙이지만, 편의상 하나로 묶어 계약하기도 한다. 이때 하나로 합쳐서 계약하면 9억 이상이므로 수수료가 0.9%로 자동 계산된다. 그러나 분리해서 호수별로 쓰면 9억 이하이므로 0.5%의 수수료가 나온다. 그러니 다세대를 계약하는 경우에는 호수별로 써달라고 하면 깎아달라고 할 필요

없이 자동으로 수수료를 줄일 수 있다.

센스 있는 공인중개사는 "한 장으로 쓰시고 0.5%만 받겠습니다."라고 말하는 경우도 있다. 공인중개사도 계약서를 여러 번 쓰는 것을 싫어하기 때문이다.

- **월세 계약할 때 수수료를 절감하는 방법**

월세의 일부를 관리비로 넣어달라고 하면 된다. 예를 들어, 보증금 300만 원에 월세 60만 원인 원룸인 경우에 월세 50만 원, 관리비 10만 원으로 계약하는 것이다. 그럼 부동산 중개수수료가 자동으로 몇만 원 낮게 계산된다.

3장

건물 계약할 때 꼭 알아야 할 것들

20

부동산 초보가 몰라서 당하는 **선수들의 수법 3가지**

부동산 계약을 할 때 사기를 치는 수법은 다양하다. 요즘에는 공인중개사들이 사기가 아니라 당연한 일이라고 여긴다. 사기가 관행처럼 되어버려서 아쉬울 따름이다.

첫 번째 수법: 입금가 작업

'입금가 작업'은 무엇일까? 매도인에게 약속한 금액만 주면 된다는 것이다. 매도인에게 입금하는 가격을 정해놓고 그 이상으로 팔더라도 매도인이 문제 삼지 않게 하는 수법을 입금가 작업이라고 한다.

입금가 작업의 예를 들어보자.

"김 사장, 우리 건물 좀 팔아줘."

"네, 알겠습니다. 얼마에 팔아드리면 될까요?"

"15억에 팔아줘."

사실 이 건물은 15억이 넘는 금액으로 팔 수 있는 물건인데, 매도인이 시세를 모르고 낮게 부른 것이다. 이런 경우에 급매로 올려놓고 팔면 사는 사람의 입장에서는 좋겠지만, 공인중개사는 꼼수를 부린다.

"네, 15억에 팔아드리겠습니다. 수수료는 안 받을게요. 대신에 제가 조금 올려서 브리핑해도 되죠?"

"김 사장이 알아서 하시고 나한테 15억만 손에 쥐어주면 돼."

이렇게 입금가 작업이 시작된다. 공인중개사는 이 건물을 16억에 올려놓거나 그 이상으로 판다.

입금가 작업의 또 다른 예를 보자.

"김 사장! 지난주에 건물을 15억에 판다고 했는데, 왜 인터넷에는 15억 5,000만 원에 내놓은 거야?"

"아! 그거요. 5,000 정도는 깎아줘야 하니까 그렇게 올려놓은 거죠. 이렇게 안 하면 건물주인 선생님께서 계속 가격을 깎아달라는 전화를 받으셔야 해요."

"아 그렇구나! 김 사장이 알아서 잘해봐."

며칠 후 공인중개사가 건물주에게 전화를 한다.

"선생님, 건물 매매계약을 하려고 합니다. 15억 3,000만 원에요.

3,000만 원 중에 2,000만 원은 제 수고비인 거 아시죠?"

"알았어. 수고했어. 수수료에 2,000 더 얹어서 줄게. 마무리 잘하게."

이런 식으로 양심도 없는 입금가 작업이 마무리된다. 중개사들 사이에서는 15억짜리 건물 팔면서 1억도 못 남겨 먹으면 바보 소리를 듣는다고 할 정도다. 이런 말이 공공연하게 나도는 것을 보면 우리 소비자를 좋은 봉으로 여기고 벗겨 먹기만 하려는 것이다.

일반적으로 건물을 부동산 중개소에 내놓을 때 15억, 16억으로 금액을 책정하지 15억 5,000만 원에 매물을 내놓는 사람은 흔치 않을 것이다. 특히 20억 이상의 건물가는 1억씩 올라가는 것이 상식이다. 만약 21억 5,000만 원에 나온 매물이 있다면 반드시 의심해야 한다.

내가 잘 아는 공인중개사의 매물은 모두 끝자리가 5,000만 원이다. 내가 의심하면서 물었다.

"왜 이 부동산 매물은 다 5,000만 원으로 끝납니까?"

공인중개사가 당당히 말했다.

"5,000은 입금가입니다. 사장님한테는 입금가 안 할게요."

이런 식으로 얘기하는 것이 현실이다. 그렇다면 이런 입금가 작업에 속지 않으려면 어떻게 해야 할까? 사실 뾰족한 방법은 없다.

다만, 원룸 건물을 매매한 후에 매도인과 매수인이 직접 통화하고 단둘이 만나서 논의하는 경우가 간혹 있다. 이때 원룸 관리 차원의 질문을 하면서 슬쩍 매도인의 입에서 매도가를 말하게 유도하기도 한다. 그러면 매도인이 실언하면서 매도가가 튀어나올 때가 있다. 이런 경우에는 매도인 앞에서 얼굴 붉히지 말고 중개사를 찾아가서 입금가 작업에 관해 이야기한다. 그러면 공인중개사가 돌려주는 경우가 간간이 있기는 하다. 만약 공인중개사가 추가 수익을 돌려주지 않을 때는 어떻게 해야 할까? 구청 또는 시청에 신고하면 공인중개사 면허가 취소되므로 반드시 돌려줄 수밖에 없다.

이러한 입금가 작업은 원룸 건물보다는 토지 매매에서 가장 많이 성행하고 있으니 주의하기 바란다.

두 번째 수법: 수익률 부풀리기

별별 사기 수법이 다 있다. '수익률 부풀리기'는 말 그대로 수익률을 부풀려서 비싸게 팔려고 하는 꼼수다. 이 수법은 신축 원룸에서 99% 사용한다.

원룸 건물을 건축한 건설업자는 빠른 시간에 팔고 싶어 한다. 원룸 건물이 빨리 팔리려면 공실이 없어야 하고, 공실이 없는 상태에서 수익률이 계산되어야 한다. 물론 공실이 있다고 해서 안 팔리는 것은 아니지만, 공실이 없어야 잘 팔리는 것은 당연하다. 건축업자는 높은 수익률을 만들기 위해 월세를 높여 부동산 중개소에 내놓는다.

주변의 월세 시세가 50만 원일 경우에 신축은 그나마 55만 원에도 나갈 수 있겠지만, 그렇다고 잘 나가는 것도 아니다. 그런데도 건축업자는 60만 원에 월세를 놓기를 원한다. 월세가 높으니 아무도 들어오려고 하지 않고, 공인중개사들도 세입자를 넣는 데 적극적이지 않다.

이때 건축업자는 꼼수를 쓴다. 공인중개사를 찾아가 중개수수료를 60만 원씩 주겠다고 한다. 통상 원룸의 중개수수료는 15~16만 원 선인데, 60만 원이면 4배를 주는 셈이다. 공인중개사들은 4명의 임차인을 맞추는 것보다 어리숙한 사람을 건축업자의 건물에 넣어주는 것이 더 좋겠다고 판단한다.

이렇게 하는데도 세입자가 빨리 들어오지 않는다. 건축업자는 다시 공인중개사를 찾아가서 '악마의 딜'을 한다. 1년 계약하면 3개월을 공짜로 준다고 제안하는 것이다. 이렇게 하면 세입자들이 금방 들어와 만실이 된다. 수익률을 따져 보면 각호당 10만 원씩 올렸으니 당연히 좋은 건물로 보일 것이다.

만약 3개월 공짜 기간 내에 다행히 건물이 팔리면 건축업자는 세입자 통장에 공짜 기간만큼의 월세를 넣어주면 된다. 만약 운 나쁘게 이런 건물을 구입했다면, 1년 후 모든 세입자는 만기를 채워 나갈 것이다. 연장해서 사는 세입자는 한 명도 없다. 주변 공인중개사에게 월세를 다시 놓고 싶다고 해봤자 60만 원에는 비싸서 손님을 맞추기 어렵다고 할 것이 뻔하다. 1년 후 '내가 속았구나.' 하는 탄식을 해봐야 이미 때는 늦었다.

신축 건물은 대부분 수익률 부풀리기를 한다. 계약할 때는 주변 시세를 철저히 확인하고 수익률 부풀리기도 감안해야 한다. 이런 수법이 관행처럼 되어 있으니 마땅히 고쳐야 하는데, 가끔 사기를 당하는 분들을 볼 때마다 안타까움을 금할 수 없다.

세 번째 수법: 공인중개사의 말 바꾸기

공인중개사는 말을 많이 하고 말을 잘 바꾸기도 한다. 공인중개사의 말 한마디 실수로 계약당사자들은 손해를 보기도 한다. 일부 공인중개사들은 세무에 관해 잘 알지도 못하면서 아는 척을 하고 계약을 성사시키려고만 한다.

나는 계약할 때 맞지 않는 세법으로 설명하는 중개사들을 종종 만났다. 이럴 때 대처하는 방법이 있다. 수첩에 공인중개사가 말하는 내용을 전부 받아적는다. 그런 후에 공인중개사에게 수첩을 보여주면서 맞게 적었는지 확인한다. 그러면 십중팔구 정확하지 않으니 세무사에게 조언을 구하라고 말을 바꾼다.

나는 기억력이 좋지 않은 편이고 암기하기도 싫어서 휴대전화의 녹음기능을 사용한다. 모든 통화는 자동으로 녹음된다. 매우 편리하다. 어떤 공인중개사는 하도 말을 잘 바꿔서 화가 좀 났다. "저번에 통화할 때 녹음한 내용을 들려드릴까요?" 했더니 그 공인중개사는 내용을 듣기도 전에 "나는 그런 의미로 말한 것이 절대 아니에요."라고 둘러댔다. 이런 공인중개사는 다시는 거래하지 않는다.

공인중개사의 말 바꾸기는 사기라고 볼 수는 없지만, 정확하게 서류로 하지 않고 말로만 하는 공인중개사를 절대로 믿어서는 안 된다. 조금이라도 손해를 보지 않으려면 수첩에 메모하거나 휴대전화로 녹음하는 습관을 들이는 것이 좋다. 바로 앞에서 하는 말을 적거나 녹음하고 있으면 공인중개사도 정확히 말하려고 애쓸 것이다.

21

계약서만 썼다고 내 건물? "이걸 해야 진짜 건물주다"

아파트를 구입할 때는 부동산 중개소에서 계약하고 잔금을 치르고 입주하면 끝이다. 하지만 원룸 건물을 구입하는 경우에는 과정이 간단하지 않다. 몇 가지 인수 절차를 반드시 거쳐야 완료가 된다. 이 과정을 모르고 접근했다가는 손해를 볼 수 있으니 미리 숙지하는 것이 좋다.

원룸 인수 절차

일반적으로 건물을 계약할 때는 기간이 3개월 정도 걸린다. 자금이 부족하면 최장 6개월이 소요되기도 한다. 이때는 대부분 중도금을 지급한다. 여유자금이 부족하여 매매 건물에 전세를 추가로 놓아야 하는 경우에는 전세보증금이 중도금 형태로 매도인에게 지급된다. 최장 6개월로 계약하더라도 잔금이 완료되면 잔금일자를 중간에 앞당겨 계약을 마무리 짓는 경우도 많다.

잔금일자를 상호 협의하여 확정하면 잔금일자 2주 전부터 본격적인 인수 절차가 시작된다. 이때부터 공인중개사의 역할이 중요하다. 만약 운 나쁘게 어설픈 공인중개사를 만났다면 정확한 인수 절차를 마치기가 힘들다.

공인중개사의 역할

잔금 지급일이 2주 전으로 다가오면 공인중개사는 계약 물건 원룸에 각 세대마다 안내문을 붙인다. 내용은 이렇다.

> ○○월 ○○일부로 기존 소유주 ○○○에서 변경 소유주 ○○○으로 변경되면 인수 절차로 각각의 세대를 방문하여 시설물을 확인하고 임대계약 사항을 체크해야 하므로 협조 바랍니다. 기존 계약서를 그대로 사용하셔도 되고, 원하시면 신규계약서를 다시 써 드릴 수도 있습니다.

그리고 매도인에게 월세계약서 사본을 받아서 공인중개사가 세입자에게 일일이 전화하여 안내한다.

각 세대 방문은 공인중개사와 매수인이 약속 시간에 맞춰서 한다. 공인중개사는 최대한 시간을 단축하기 위해 2~3일 정도 저녁에 시간을 맞춰서 방문한다. 각호 방문 시에는 대부분 중개사가 인수 체크리스트를 만들어온다. 매수인은 따라다니면서 세입자에게 인사를 하면 된다. 공인중개사는 세대를 방문하면서 이렇게 말한다.

"안녕하세요. 공인중개사 ○○○입니다. 인수 절차에 관해 전화드렸던 중개사입니다. 여기 계신 분은 새로운 집주인입니다. 서로 인사하세요."

그러고는 방에 들어가 각종 제공 비품, 냉장고, TV, 셋톱박스, 에어컨, 리모컨 3개, 가스레인지 등을 체크한다. 그런 후에 세입자에게 다시 말한다.

"혹시 파손이나 하자가 있는 부분이 있나요? 지금 말씀하시지 않은 파손이나 하자가 있으면 퇴실할 때 모두 세입자가 변상해야 합니다."

이렇게 하면 세입자들은 당황하면서 이것저것 하자나 파손된 부분을 얘기한다.

"장마철에 문틀에서 물이 샜어요."

"벽지가 변색된 것은 들어올 때부터였어요."

"화장실에 있는 환풍기가 고장 났어요."

"이 TV는 제 거예요."

"냉장고가 작아서 기존 냉장고는 반납하고 제 냉장고를 쓰고 있어요."

이렇듯 아주 세세한 정보를 세입자가 알려준다. 사실 방 내부의 하자는 누구보다 실제로 사는 사람이 가장 확실하게 알 것이다. 이런 세세한 내용을 공인중개사는 모두 기록한다. 그리고 사진도 찍어 놓는다. 매수인이 하는 일은 하자나 파손된 부분을 함께 확인하고 공인중개사가 기록을 꼼꼼히 하는지만 보면 된다.

매수인이 해야 할 일

매수인이 해야 하는 일은 딱 하나 있다. 수첩에 각호의 세입자 정보를 적는 것이다. 예를 들면, 이렇게 적는다.

'201호. 젊은 여성. 직장인으로 보임. 아주 깔끔한 성격.'

'202호. 50대 남성. 건설노동자로 보임. 지저분한 편.'

'203호. 40대 직장인 남성. 매우 친절함.'

'204호. 30대 여성. 매우 까칠한 성격. 집도 더럽게 쓰고 있음.'

이렇게 간단한 사항을 적어놓으면 나중에 도움이 된다. 건물 인수 후에 세입자에게 간단한 조치를 부탁할 때 말이다. 친절한 203호 세입자라면 흔쾌히 들어줄 것이다. 만약 세입자 정보를 기록해놓지 않아서 까칠한 204호 세입자에게 전화로 부탁하면 어떤 일이 벌어질까? 생각하고 싶지도 않다.

하자 보수와 현금 배상

이렇게 모든 세대를 방문하고 나면 새로 계약서를 쓰자는 세대가 나온다. 이런 경우 공인중개사가 알아서 계약서를 다시 써준다.

공인중개사가 하자에 관한 내용을 정리해서 매도인에게 인계하고 1차 협의를 한다. 매도인은 잔금일자 전에 각각의 세대를 방문하여 수리해놓고 사진을 찍어 중개사에게 보내준다.

문제는 복구하기 힘들거나 분실했을 때 발생한다. 세입자가 주인에게 반납했다는 냉장고나 TV가 건물의 창고에 있으면 다행인데 없는 경우에는 그 비용을 매도인이 배상해야 한다. 매도인이 고치기 힘든 하자는 공사 비용을 감안하여 현금 배상도 해야 한다. 왜 이런 배상을 해야 할까?

이런 배상은 아파트를 사고팔 때는 상상할 수 없는 일이다. 하지만 원룸 건물을 구입한 매수인 입장에서는 계약 당시 모든 세대를 확인하지 못하고 계약했다. 모두 정상이라는 전제로 계약한 것이다. 그리고 처음으로 세대를 확인했고 결함들을 찾아 원상복구를 요구한 것이다. 만약 계약할 때 하자나 파손에 관해 미리 알려준 부분이 있었다면 당연히 그 부분에는 배상의 의무가 없다. 하자를 이미 알고 계약했기 때문이다.

보증금과 월세 정산

이제는 월세 정산만 남아 있다. 매도인은 월세의 일부를 매수인에게 돌려주어야 한다. 물론 보증금도 돌려준다. 계산은 잔금일 전에 하지만 실제 돈을 돌려받는 것은 잔금일에 처리한다. 월세는 모두 선불로 계약하기 때문이다. 그렇기에 잔금일자 기준으로 일할 계산하여 매도인이 매수인에게 돌려줘야 한다.

해당 건물에서 월세를 1,000만 원 받고 있었다면 평균 500만 원 정도는 돌려받아야 하는 돈이다. 예를 들어 설명하겠다.

매월 30일에 50만 원의 월세를 내는 세입자가 있다고 가정하자. 잔금일자 즉 명의가 변경되는 날짜가 15일이라고 하면 계산이 쉬울 것이다. 세입자는 선불로 50만 원을 납부했다. 그중 15일 치인 25만 원은 매도인이 받아야 하고 나머지 15일 치인 25만 원은 매수인이 받아야 한다. 이렇게 정산된 월세는 잔금과 동시에 매수인에게 돌려준다. 그리고 보증금 역시 모두 매수인에게 돌려준다.

여기서 의문이 생기는 분들이 있을 것이다. '어차피 잔금을 치를 건데 잔금에서 공제하고 매도인에게 보내면 될 것을 왜 이렇게 별도로 하는 걸까?'

그것은 나중에 세무 처리를 위해 매매가가 정확하게 계약금, 중도금, 잔금으로 입금이 되어야 혼동이 없기 때문이다. 통장계좌에 입금내역이 일치하지 않을 경우 세무 당국의 의심을 받고 세무조사를 받을 수도 있으므로 의심받을 일을 서로 안 하려는 것이다.

월세 장기 미납자 처리

드디어 모든 인수 절차가 끝났다. 그런데 한 가지 문제가 있다. 월세를 몇 개월씩 밀린 장기 미납자들이 항상 문제다.

나는 건물을 여러 차례 인수한 경험이 있다. 매도인에게 장기 미납자의 월세를 인수하지 않을 테니 잔금 전에 받아달라고 요구한다. 장기 미납자의 월세를 받아내는 것은 쉬운 일이 아니다. 그래서 나는 매도인에게 한 가지 팁을 더 알려준다. 미납 월세만큼 보증금을 낮춰서 계약서를 다시 써오라고 한다. 만약 이 두 가지 제안을 만족시키지 못할 경우에는 장기 미납금을 세입자가 퇴실할 때 돌려준다고 한다. 이렇게 하면 미납자 없이 깔끔한 상태로 인수받을 수 있어 매수인이나 매도인 모두에게 좋은 제안이다.

22

매도인에게 노하우를 전수받아라

원룸 건물을 구입하여 인수 절차가 끝났다. 이제부터는 하루하루가 행복하다. 매일 자고 일어나면 월세가 들어오는 쾌감을 맛볼 수 있다.

나는 140곳에서 월세가 들어온다. 사실 원룸이 140호 있는 것은 아니다. 원룸, 상가, 오피스텔, 태양광발전소, 책 인세 등을 모두 합친 것이다. 이 중에서 비중을 많이 차지하는 것이 원룸이다.

1년 365일 중 2~3일을 빼고 매일 내 통장에 돈이 들어온다. 지금은 조금 둔감해지기는 했지만, 돈이 들어올 때마다 기쁘고 감사하다. 잠자고 일어나면 밤사이 문자가 여러 개 와 있다. 대부분 입금 문자다. 그것을 보면서 상쾌한 아침을 시작한다. 아내와 산책하거나 휴일에 가족과 여행할 때 입금 문자를 받기도 한다. '나는 쉬고 있어도 나의 돈이 놀지 않고 일하고 있구나.' 생각하면 기분이 좋아진다. 날씨가 화창하고 햇살이 따뜻한 날에는 '나의 태양광발전소가 오늘 더 열심히 일하겠구나.' 생각하며 입가에 미소를 짓는다. 이처럼 나의 돈은 내가 만든 시스템 안에서 각자의 일을 한다. 나는 가끔 다듬어주기만 하면 된다.

수익형 부동산을 사면 이런 행복을 여러분들도 느낄 수 있을 것이다. 하지만 행복한 것만은 아니다. 건물이 내 명의가 되고 나면 이제는 나 스스로 건물의 문제를 해결해 나가야 한다. 이때 가장 좋은 스승은 누구일까? 바로 매도인이다. 매도인은 그간 건물을 운영하면서 많은 노하우가 쌓여 있다. 이 건물에 관해서는 나는 초보이고 그는 고수다. 매도인에게 건물의 세세한 부분을 전수받으면 좋다. 시간을 내서 연락하고 만나고 점심 식사도 함께하며 노하우를 전수받자.

도배업체와 철물점을 소개받는다

매도인은 수도 없이 도배를 했을 것이다. 이미 많은 도배업체를 만나보았으므로 그중에서 가장 저렴하게 도배하는 방법을 알고 있다. 특히 약속을 잘 지키는 업자가 중요하다.

매도인은 그간 일했던 도배업체를 알려주면서 장단점을 설명해줄 것이다.

"A 업체는 비싸지만 약속을 잘 지킵니다."

"B 업체는 싸지만 도배를 건성으로 해서 하자가 많습니다."

이런 정보를 메모하고 연락처를 받으면 된다.

철물점을 이용할 때는 어느 철물점에 종류가 많은지, 가격이 저렴한지, 제품이 좋은지 등을 염두에 둔다. 여기서 꼭 알아야 할 사항이 있다. 출장 서비스를 해주는지의 여부다. 단순히 부품을 구입하는 것이 아니라 출장 와서 교체까지 해주는 업체를 알아야 한다. 출장을 온다면 그 비용이 얼마인지도 알아야 유사시 활용할 수 있다.

대형 철물점은 가격이 저렴하고 제품도 많아 좋긴 한데, 대부분 출장 수리를 해주지 않는다. 동네의 작은 철물점은 부부가 운영하는 경우가 많은데, 남자 사장님이 주로 출장을 다닌다.

매도인은 이런 정보를 잘 알고, 출장 서비스를 해주는 철물점 사장님은 우리 건물의 정보를 나보다 더 많이 알고 있다. 나도 건물에 문제가 생기면 모든 것을 직접 수리할 수 없어서 믿고 맡기는 철물점을 알고 있다.

주변 공인중개사의 정보를 알아야 한다

공인중개사는 각자의 전문 분야가 있다. 그래서 원룸을 구입한 중개사와 월세를 주는 중개사가 다른 경우가 많다. 매도인은 어느 공인중개사가 방을 잘 빼고 서비스가 좋은지 알려준다.

공인중개사의 서비스란 무엇일까? 공인중개사들이 중개만 하는 것은 아니다. 세입자가 퇴실할 때 가스, 전기 검침 대행도 하고 간단한 A/S를 직접 해결해주기도 한다. 월세를 잘 놓는 공인중개사들은 자동차 트렁크에 공구 가방이 있다. 형광등, 전구, 세탁기 먼지망, 각종 건전지 등을 준비해놓는다. 신규 세입자가 들어왔는데 에어컨 리모컨에 건전지가 없으면 새것으로 갈아준다. 이런 간단한 서비스를 해주기 때문에 건물주들은 서비스가 좋은 공인중개사에게 더 많은 물건을 주려고 한다.

여성 공인중개사에게는 이런 서비스를 기대하기 어렵다. 계약서만 쓰려고 하지 간단한 A/S도 하나하나 집주인에게 요구한다. 그래서 나는 여성 공인중개사들을 선호하지 않는 편이다.

어느 공인중개사가 방을 잘 빼고 서비스가 좋은지 매도인에게 정보를 들으면 건물을 관리할 때 도움이 된다.

건물 수리 내역을 꼼꼼히 물어본다

매도인은 건물의 하자를 말해주지 않는다. 계약에 문제가 될 수도 있기 때문이다. 하지만 그것은 매수인이 하기 나름이다. 매도인을 안심하게 해놓고 질문하면 시원하게 설명해 줄 것이다. 페인트, 하수구, 도어록, 유리, 싱크대, 새시 등을 잘 교체하고 수리하는 업체를 소개받을 수도 있다. 이것을 받아적고 설명만 들어도 건물관리를 수월하게 할 수 있다.

예를 들어, 건물의 하수구가 막혔을 때 전화 한 통이면 문제가 해결된다. 그 업체는 하수구 점검창의 위치를 나보다 잘 알고 있을 것이다. 그동안 여러 번 공사를 했기 때문이다.

싱크대 업체도 우리 건물에 있는 싱크대의 특징을 잘 알고 있다. 문제가 생겼을 때 전화로 얘기만 해도 뭐가 문제인지, 비용이 얼마 드는지 척척 설명한다.

매도인에게 점심 한 끼를 대접했는데 너무 값진 정보를 주신다. 건물에 문제가 생겨 전화하면 자기 일처럼 도와주시는 분들도 많으니 매도인과 친하게 지내야 한다. 그 대신 건물의 하자에 대해서는 문제 삼지 말아야 한다.

23

건물 운영 시 **절약법**

나는 가계부를 오랜 기간 써왔다. 가계부를 쓰면서 절약을 실천했다. 특히 월 고정비용을 줄이려고 노력을 많이 했다. 고정비용을 줄이면 미래의 자산가치가 예상외로 높아지기 때문이다.

원룸 건물을 구입하면 월간 고정비용이 발생하기 마련이다. 공동전기, 상수도, 인터넷 요금 등을 내야 한다. 이 비용을 어떻게 절약할 수 있을까?

나는 그동안 고정비용을 줄이기 위해 안 해본 것이 없으므로 많은 노하우가 있다. 지금부터 그것을 공개하겠다.

상수도 요금

상수도 요금은 사용량만큼 요금이 나오는데 어떻게 절약할 수 있을까? '세입자들에게 물을 절약하라고 문자를 보내라는 말인가?'라고 생각할 수도 있다.

일단, 상수도 고지서를 보자. 고지서에는 '수용가 관리번호'가 있고, '구경' 즉 우리 건물에 설치된 상수도관 사이즈가 있고, '가구수'가 나와 있다. 정리하면, 수용가 관리번호, 구경, 가구수, 사용량 4가지를 확인하면 된다.

인터넷으로 상수도 사업소에 들어가면, '상수도 요금 계산기'라는 것이 있다. 여기에 4가지 정보를 넣어보자. 고지서에 부과된 금액과 같은 금액이 나올 것이다. 지금부터 기술 들어간다.

여기서 혹시 이상한 점을 발견하지 못했는가? 우리 건물의 세대수는 12세대인데 고지서에는 4~6세대라고 써 있는 경우를 볼 수 있다. 이것으로 처음 상수도 신청을 할 때 입주 전입세대가 4~6세대였음을 추측할 수 있다. 나의 원룸은 처음에 2세대로 나와 있었다.

그럼 '상수도 요금 계산기'에 다시 세대수를 임의로 12세대로 변경해보자. 요금이 많이 낮아지는 것을 알 수 있다. 점차 세대수를 11, 10, 9, 8로 낮춰보자. 어느 지점에서 요금이 올라가는지 확인할 수 있다. 이것이 바로 '황금 요금제 구간'이다. 만약 8세대까지 요금이 낮고 7세대부터 요금이 올라간다면 어떻게 해야 할까? 8세대 이상으로 신고하면 요금이 절약된다.

상수도 사업소에 전화해서 실제 우리 건물은 공실이 없으니 12세대로 변경해달라고 하면 절대로 해주지 않는다. 참나! 어떻게 해야 하는지 방법을 알려주겠다. 해당 동사무소에 방문하여 건물 전체의 전입세대열람을 신청하면 그 자리에서 발급해준다. 주의 사항은 건물주 본인이 가야 한다는 것이다. 전입세대열람에 다행히 8명 이상 전입이 되었으면 상수도 사업소에 이것을 보여주고 변경을 요청하면 된다. 불행히도 전입신고가 6명만 되었으면 일시적으로 본인, 아내, 또는 친구 등을 동원해 비어있는 호수에 전입신고를 하여 8세대 이상을 만들고 다음 날 전입세대열람을 다시 발급하면 된다.

이후 방법은 생략하겠다. 한 번만 등록하면 평생 세대수가 변경되어도 상관없다. 한 번만 고생하면 상수도 요금을 매월 몇만 원 절약할 수 있다. 우리나라의 시스템에 참 문제가 많다.

공동 전기 요금

엘리베이터가 없는 건물은 공동 전기료가 3,000원 이하로 나오니 걱정할 필요가 없다. 하지만 엘리베이터와 소방시설이 있는 경우에는 요금이 많이 나온다. 50호 정도 있는 나의 건물은 전기료가 30만 원가량 나왔다. 엘리베이터, 소방시설, 카리프트(자동차 전용 엘리베이터)가 있어서 요금이 많이 나오는 줄 알았다. 하지만 고정비용 줄이기의 달인이 손을 대면 요금을 얼마든지 줄일 수 있다.

우리나라의 전기공급은 한국전력이 독점하고 있다. 한전의 전기는 가정용은 3kw를 사용하지만 상가나 공장의 공동 전기는 계약 전력을 정하고 써야 한다. 이해를 돕기 위해 설명하자면, 우리 가정은 계약 전력이 3kw이기 때문에 순간적으로 사용하는 전기가 3kw이면 차단기가 떨어지게 설계되어 있다. 아마도 누구나 경험했을 것이다.

상가나 공장, 건물의 공동 전기는 계약 전력이 각각 다르다. 각자의 상황이 다르므로 각각 다르게 계약되어 있다. 우리 건물의 경우에는 초기에 엘리베이터, 카리프트, 소방시설을 동시에 사용했을 때의 최대 용량으로 계약되어 있었다. 초기에 한전 등록 당시 이러한 기준으로 한전에서 전력 계약을 했기 때문이다. 한전에 전화해서 1년간 사용량과 최대사용량을 문의하니 절반을 조금 넘는 수치였다. 나는 상담사에게 계약 전력을 최대한 낮춰달라고 요구했다. 상담사는 가능한 범위인 30%를 낮게 조정해주었다. 그렇게 했더니 전기 요금이 다음 달에 8만 원 절약되었다. 계약 전력을 낮추는데 비용은 발생하지 않았고, 한전 직원이 건물에 방문하여 낮은 계량기로 무상 교체를 해주었다. 노력하고 고민하면 공동전기료는 얼마든지 절약할 수 있다.

인터넷, IPTV 요금

우리 가정의 인터넷은 대부분 3년 약정을 한다. 약정기간이 끝나면 추가 요금을 낮추거나 아니면 인터넷 업체를 변경한다. 변경을 막기 위해 요즘에는 휴대폰과 결합상품이 많이 나온다. 그런데도 인터넷 업체를 바꾸면 어떤 혜택이 있을까? 여러 가지 사은품이나 현금을 주기도 한다. 누구나 알고 있는 사실이다. 대략 30~40만 원 정도를 지급하는 것으로 알고 있다.

그렇다면 나의 원룸 건물은 인터넷 약정기간이 끝나면 어떻게 할까? 우리 건물도 현금 보상을 받고 업체를 변경한다. 내 건물 중 50호가 가장 큰 건물인데, 각호당 30만 원만 받아도 얼마를 보상받을까? 1,500만 원 정도를 보상해준다. 실제로는 더 받는 경우도 있다. 나의 건물들은 약정기간이 끝나면 통신사를 변경하고 현금 보상을 받는다. 세입자들은 신품 셋톱박스와 와이파이 중계기를 설치해주니 인터넷 업체를 변경하는 것을 좋아한다. 물론 나도 좋다. 현금 보상을 하지 않는 인터넷 업체도 있으니 유의하길 바란다. 나는 건물이 여러 채라서 매년 한두 곳은 인터넷을 변경하고 추가 보너스를 받는다.

꿀팁

건물 계약 후 매도인에게 인터넷 가입 업체(KT, SK, U+)를 확인하고 가입 시점을 문의하기 바란다. 인터넷 한 달 사용료가 얼마인지 궁금하다면 문의하면 된다. 간혹 계약기간이 긴 경우 나쁜 매도인은 계약기간 중 인터넷 업체를 위약금을 물어가며 변경하여 보조금을 챙기기도 한다. 사실 명의자가 아직 매도인으로 되어 있어 바꾸는 것을 강제로 막을 수는 없다. 하지만, 미리 요금과 업체를 전달받으면 매수인이 알고 있으므로 계약기간에 업체를 바꾸는 일은 없을 것이다. 모르면 코 베어 가는 세상이다. 미리 알고 준비하길 바란다.

청소업체, 승강기, 전기안전, 소방안전 업체

나는 임대로 운영하는 건물이 많다. 청소업체, 승강기 유지관리업체, 전기안전, 소방안전 업체에 내 건물을 맡기고 있다. 새로운 건물을 매수하면 기존의 업체들은 주인이 달라졌으니 나를 찾아오거나 연락이 온다. 건물의 관리를 유지할 수 있게 해달라고 요청한다.

나는 건물을 관리한 경험이 많아서 단가를 너무나 잘 알고 있다. 그리고 여러 건물을 한 곳에서 관리하게 하므로 특가를 적용받는다. 그래서 한 건물을 소유한 사람보다 저렴한 비용으로 관리한다.

신규 건물을 관리하는 업체가 찾아오면 내가 기존의 건물을 관리하는 비용을 알려준다. 그 업체가 더 낮은 가격을 제시하면 내가 소유한 모든 건물의 관리를 신규업체로 변경한다. 업체 입장에서도 여러 곳을 동시에 관리한다면 특가를 제시하려고 노력한다. 나는 이 점을 이용해 낮은 가격으로 관리를 받는 셈이다.

이렇다 보니 주변의 건물주들도 나에게 연락하여 비용이 저렴한 업체를 소개해달라고 부탁한다. 나는 관리를 맡긴 업체를 소개해준다. 내 건물을 관리하는 업체도 여러 건물주를 소개해주니 나를 위해 더 좋은 관리 서비스를 제공한다.

요금을 간략하게 공개한다. 하지만 이것은 특가 기준임을 감안해야 한다. 가격은 지역과 업체에 따라 다를 수 있으니 참고하길 바란다.

엘리베이터: 한 기당 월 8만 원
전기안전: 6만 원
소방안전: 7만 5,000원
청소: 소형주택은 월 6만 원(주 1회), 대형주택은 월 13만 원(주 2회)

화재보험

나는 보험을 매우 싫어하지만, 보험에 가입했다. 건물의 화재보험은 업체마다 가격이 다를 수 있으니 설계사의 상담을 받아 가입하면 된다.

내가 건물에 화재보험을 든 이유를 설명하겠다. 세입자의 부주의로 화재가 나면 그 당사자가 변상하는 것은 당연하다. 하지만 원룸에 거주하는 세입자가 변상할 형편이 안 된다면? 보증금으로 처리하여 일부를 수리할 수 있지만 부족할 수도 있다. 또한 이 화재로 다른 호실까지 피해가 생겼다면 그 손해 비용은 엄청나게 불어날 것이다. 이럴 때는 당연히 충분한 보상을 해주어야 한다. 화재를 낸 당사자가 배상을 못 하는 경우에는 집주인이라도 일단 배상을 신속하게 해줘야 한다. 그래서 보험에 가입했다.

그런데 보험료를 많이 내고 있어서 문제다. 내가 내는 보험료는 대략 이렇다. 50호 건물은 6만 9,000원, 25호 건물은 2만 6,000원, 12~18호 건물은 2만 1,000원 정도를 보험료로 납부한다. 너무 낮은 금액이라고 생각할지도 모르겠다. 사실 건물 시세를 파악하고 보장 내용을 어떻게 넣느냐에 따라 보험료는 달라진다. 이것은 각자의 몫이다.

건물주들은 건물에 20~30만 원 정도의 많은 보험료를 납부하니 화재가 나도 안전할 거로 생각한다. 하지만 사실은 그렇지 않다. 나의 보장 내용과 다른 건물주들의 보험 내용은 비슷하다. 단지 다른 건물주들은 나중에 돌려받는 저축액이 많은 것뿐인데 착각하고 있는 것이다.

보험설계사는 매월 납부 금액이 높아야 수당을 많이 받는다. 그래서 보험을 팔 때 10년 후 또는 20년 후 원금을 돌려주는 상품을 판다. 많은 건물주들은 나중에 보험료 전액을 돌려받는 상품에 가입한 것이다. 반면에 나는 납부한 보험료가 소멸되는 것으로 가입했다.

나는 소중한 돈을 보험사에 적금식으로 넣고 싶지는 않다. 그리고 10년, 20년 후에 받는 원금은 물가 상승률을 감안하면 똑같은 원금이 아니다. 나는 이런 보험사 적금에 가입하기보다는 낮은 보험료를 지출하고 남은 돈으로 전세를 빼주거나 대출 원금을 갚는 것이 부자 되는 빠른 길임을 알고 있다.

24

세입자 중에 **반장을 선임하라**

건물주의 중요한 일 중의 하나는 세입자와의 친밀도다. 건물 구입 당시 세대를 방문했을 때 까칠하게 응대하는 사람들을 눈여겨보아야 한다. 특히 몹시 불쾌하게 여기거나 짜증을 내며 빨리 가라고 하는 사람들 말이다. 이런 세입자를 구분해 놓아야 한다. 계약이 종료되면 다음에는 가급적 연장을 해주지 않는 방향으로 전략을 세우는 것이다. 이런 세입자는 수리를 요구해도 불편하고 여러모로 관리하기가 쉽지 않다.

반장 선출하기

하지만 이런 세입자만 있는 것은 아니다. 반갑다고 악수를 청하거나 음료수를 건네는 친절한 세입자도 있다. 이런 친절한 사람이 바로 반장 후보다. 나는 체크리스트에 친절한 분이라고 표시해놓는다.

친절한 분과 친하게 지내려고 노력한다. 건물에서 만나면 반갑게 인사하고 안부도 묻는다. 그리고 불편한 사항이 있으면 언제든 연락하라고 얘기한다. 그럼 친밀도는 점점 좋아진다. 나는 이분을 우리 건물의 반장으로 선출한다. 그 친절하신 분은 본인이 반장인지도 모르지만. 나만 알고 있는 반장인 것이다.

반장 활용하기

중고등학교 다닐 때 반장의 역할을 대부분 알고 있을 것이다. 반장은 반의 리더로서 솔선수범하고, 봉사하고, 학급의 불편함을 대신 맡아 처리한다. 우리 건물의 반장도 비슷한 일을 한다.

대표적인 일은 건물에 화재경보기가 울렸을 때 처리하는 것이다. 내 건물은 지금껏 화재가 난 적이 한 번도 없었다. 하지만 화재경보기가 울리는 경우는 종종 있었다. 습기가 많은 장마철에 오동작이 많고, 취사를 많이 하는 저녁 시간이나 밤에 화재경보기가 울렸다. 그리고 주말에도 빈도수가 높은 편이다.

이상하게도 내가 건물에 신속히 갈 수 없는 상황에서 화재경보기가 울린다. 당황한 세입자들은 나에게 전화나 문자를 하거나 건물 밖으로 몸을 피하기도 한다. 이런 경우에는 내가 건물에 가서 조치한다고 해도 오랜 시간 사이렌이 울려 건물이 시끄러울 수밖에 없다. 바로 이때 우리 건물 반장이 나서서 그 역할을 충실히 해준다.

반장은 이런 상황에서 반드시 나에게 전화를 한다. 그럼 나는 침착하게 화재경보기의 통제실을 알려주고 버저가 울리지 않게 조치하는 법을 설명해준다. 그 후에는 화재경보기가 울린 위치를 전광판에서 확인하게 하고 세대나 해당 층을 조사하게 한다. 복도에서 타는 냄새가 나는지, 건물 밖에서 화재가 일어났는지 세대의 창을 확인하게 한다.

간혹 생선이나 음식을 태워서 화재경보기가 울리는 경우가 있다. 반장은 이상 여부를 확인하고 오작동된 화재경보기의 버저를 누르기만 하면 된다. 나는 반장에게 감사의 인사를 전한다. 그 후에 방문하여 오작동 증상을 소방관리업체에 통보하면 다음 날 근무시간에 와서 조치해준다.

반장의 역할은 내가 건물에 빨리 가지 못하는 상황에서 간단한 조치를 해주는 것이다. 친절한 반장에게 부탁하면 도움을 받을 수 있고 건물 관리가 한결 쉬워진다.

반장에게 포상하기

나는 친절한 반장과 늘 함께하고 싶다. 특히 긴급한 상황에서 도움을 받았다면 건물을 방문할 때 커피나 음료를 사서 반장을 만난다. 그리고 조치상황에 대한 전반적인 얘기를 듣는다. 반장과 커피를 마시면서 서로 개인적인 이야기를 나누면 친밀도는 점점 높아진다.

4장

수익형 자산을 운영하는 기술

25

월세 잘 받는 고수 집주인의 비법 '깨알 공개'

30대 초반에 건물주가 되었다. 월세를 받던 아파트 2채를 팔고, 전세를 추가로 2개 놓아서 건물을 구입했다. 나의 첫 수익형 원룸 건물이었다. 생각해보면 대단한 일도 아니었지만, 그날의 감동은 지금도 생생하다. 가난을 원망하며 살던 내가 건물주가 되다니! 너무 기분이 좋아서 잠도 안 오고, 밥을 안 먹어도 배가 불렀다.

아침저녁으로 나의 자랑스러운 건물을 보기 위해 지나다녔다. 아침에 출근하면서는 밤새 이상 없었는지를 확인하고, 퇴근할 때도 꼭 들러서 계단에 버려진 쓰레기를 치웠다. 주말이면 건물을 청소하고 보수해야 할 곳이 있는지 둘러보았다.

이렇게 문지방이 닳도록 드나들다 보니 건물 인수 절차 때 인사드린 세입자들과 자주 마주쳤다. 당연히 나는 '마음씨 좋은 주인아저씨'가 목표였기에 세입자들을 보면 먼저 인사했다. 시간이 지나면서 서로 안부를 물을 정도로 친해졌다.

건물을 구입한 지 1년이 지나면서부터 문제가 하나씩 생기기 시작했다. 건물을 구입할 당시에는 단 한 명도 미납이 없었다. 매도인도 세입자들이 월세를 잘 낸다고 자랑했었다. 이상하게 초보 건물주로 바뀌자 미납이 늘더니 어느 순간 절반 정도가 미납이 되는 사태가 벌어졌다.

이것은 분명 나의 잘못이었다. 이 건물에서 바뀐 건 주인밖에 없는데 월세가 밀려도 너무 밀렸다. 나는 공인중개사를 찾아가서 속사정을 얘기했다. 공인중개사는 이렇게 말했다.

"월세를 미납하면 바로바로 연락해서 납부하라고 해야지 마냥 기다리면 안 돼요. 한 달을 미납하면 세입자는 2달 치를 한꺼번에 내야 하니까 더욱 힘들어집니다."

생각해보니 그동안 한 번도 미납한 월세를 내라고 전화나 문자로 독촉한 적이 없었다. 2~3달 정도 밀려야 그때 가서 겨우 연락하곤 했다. 내가 미납자를 양성한 셈이다. 공인중개사는 여러 가지 방법을 알려주었다. 그로부터 15년이 지났다. 나는 지금 월세를 잘 받는 고수 건물주가 되었다.

월세 납부 안내하기

월세를 잘 받기 위해서는 맨 처음이 중요하다. 일단 신규 세입자가 들어오면 다음 달 월세를 언제 내는 날인지 잘 체크한다. 그리고 납부일이 하루가 지나면 문자를 보낸다.

'안녕하세요. ○○○ 건물입니다. 지난달 입주하셨는데 불편함은 없으신지요? 어제가 한 달이 되는 날입니다. 바쁘시더라도 월세 납부를 부탁드립니다.'

이렇게 문자를 보내면 기분 나빠 할 세입자는 없을 것이다. 서로 얼굴 붉힐 만한 문자는 보낼 필요가 없다. 신규 입주자들 중 절반은 한 달이 되면 월세를 정확히 납부한다. 그리고 납부 안내 문자를 받으면 또 절반은 늦어서 미안하다는 답장과 함께 월세를 납부한다. 문자를 보냈는데 답장도 없고 납부도 안 하는 세입자들이 있다. 그러면 다시 문자를 보낸다.

'안녕하세요. ○○○ 건물입니다. 지금 401호 ○○○ 님은 월세 미납 중입니다. 바쁘시더라도 납부바랍니다.'

2번 정도 문자를 받으면 납부하거나 죄송하다는 문자가 오는 것이 정상이다. 그런데도 아무런 반응이 없는 세입자가 간혹 있다. 그럼 다음 날 전화해서 이렇게 말한다.

"안녕하세요. ○○○ 건물주입니다. 문자를 2번이나 드렸는데 답장이 없으셔서 전화했습니다. 이사하고 불편한 점은 없으신가요?"

세입자가 먼저 알아서 월세 얘기를 꺼낸다.

"사장님, 이번 주까지 꼭 낼게요."

이렇게 입주 후 첫 달을 지내고 나면 세입자들이 월세 납부를 잘한다. 월세가 미납되면 안내 문자를 받아야 하기 때문이다. 특히 전화를 받았던 세입자는 더욱 신경 써서 납부한다. 이렇게 신입 세입자 오리엔테이션이 끝났다.

나는 매주 월요일에 월세 미납자를 체크하고 문자를 보낸다. 이렇게 140호를 관리하고 있다.

보증금을 높게 받아야 관리가 편하다

경쟁력이 낮은 지역의 원룸은 보증금도 높지 않다. 100만 원, 50만 원을 받고 있다면 낮은 보증금이다. 최소 200~300만 원을 받는 것이 좋다. 월세를 2~3개월 정도 미납하더라도 문제가 없을 정도의 보증금을 받아야 한다.

만약 보증금 100만 원에 월세 40만 원을 받는다면 괜찮은 것 아닌가? 그렇지 않다. 이런 경우 2개월이 미납되면 보증금 100만 원에서 80

만 원을 빼고 20만 원만 남는다. 그럼 2개월간 도시가스비, 전기세 등의 미납, 퇴실 시 청소비 등이 20만 원으로는 부족할 수도 있다. 고작 몇만 원 손해 볼까 봐 걱정하는 것이 아니다. 이 정도는 문제도 아니다.

세입자들 중에는 가스비, 청소비, 미납 월세 등을 계산해 봤더니 받아 갈 돈이 한 푼도 없는 경우에 악마로 돌변하는 사람이 간혹 있다. 안 나가고 버티는 것이다. 주인이 전화해도 받지 않고 미안한 마음도 없다. 이런 상황을 막기 위해서 보증금을 높게 받아야 한다는 것이다.

세입자가 나갈 때 받을 돈이 있어야 협의를 할 수 있다. 그래서 보증금은 월세의 5~6배 이상을 받는 것을 추천한다.

상습 미납자는 납부일을 변경한다

월세를 받다 보면 납부일에 못 내고 10일 또는 20일 후에 납부하는 세입자들이 있다. 그 이유는 월급을 받는 날과 월세 내는 날이 다르기 때문이다. 월세 내고 사는 분들은 한 달 벌어 한 달 쓰는 경우가 많다. 월세 납부가 늦는 분들은 차라리 협의하여 월급날로 납부일을 변경해 주는 것이 좋다.

간혹 미리 전화해서 납부일을 변경해달라고 요청하는 세입자들도 있다. 나는 이런 세입자를 좋아한다. 책임감 있게 납부하려고 전화를 했으니 말이다.

납부일이 달라진다고 월세를 받는데 손해를 볼 일은 없다. 만약 10일이 월세를 납부하는 날인데 20일로 변경하면 10일간 월세를 못 받는다고 생각할 수도 있다. 하지만 퇴실할 때 계약서 기준으로 정산하기 때문에 손해날 일이 없다.

2개월 미납 월세는 분할 납부하라고 배려해준다

월세가 2개월 밀리면 어떻게 해야 할까? 이런 경우에는 세입자가 밀린 2개월 치와 기존 월세를 한꺼번에 납부해야 한다. 3개월 치 월세를 한 번에 내는 건 어려울 수 있다.

이럴 때는 두 달 치씩 두 번을 나누어 납부하라고 배려해준다. 그럼 세입자가 덜 힘들게 납부할 수 있다. 두 달 치를 납부하는 것도 힘들어하면 1.5개월 치씩 납부하라고 한다. 세입자의 형편이 어려울 때는 이런 배려도 필요하다. 이런 일이 없게 하려면 근본적으로 보증금을 높게 받아야 한다.

미납 시 납부 기한을 정한다

미납이 장기화되는 세입자를 무작정 기다려 줄 수는 없다. 세입자와 협의를 해야 한다. 언제 납부할 수 있는지 약속을 정한다. 약속을 지키면 다행이지만, 지키지 않으면 또 연락한다. 이런 상황이 반복되면 세입자는 미안하다는 말을 달고 산다. 다시 납부 가능한 날짜를 협의한다. 그런데도 월세를 납부하지 않으면 최종 결정을 내린다. 방을 빼달라고 요구해야 하는 것이다. 너무 야박하다고 생각할 수도 있지만 보증금이 다 없어지기 전에 이렇게 하는 것이 서로에게 좋은 방법이다.

만약 보증금이 다 없어지고 세입자가 전화를 일부러 피한다면 어떻게 해야 할까? 이때는 명도 소송을 한다고 세입자에게 통보한다. 집 안에 안내문도 붙인다. 이러면 세입자는 며칠 버티다가 짐을 챙겨 나간다. 가스비, 전기료, 청소비 등을 모두 주인이 납부해야 한다. 세입자는 당당하게 나가고 집주인은 사정하며 내보내야 하는 꼴이다. 그러니 냉정해야 할 때는 단호하게 대처해야 한다.

명도 소송은 법원에서 판결을 받아 집행관들이 강제 퇴실 조치하는 것이다. 나는 소설이나 영화에서나 봤지 10여 년간 월세를 주면서 한 번도 해본 적이 없다.

월세 미납에도 연체료가 있다

카드값, 휴대전화 요금, 국세 등은 연체료가 있다. 월세에도 연체료가 있을까?

월세에 연체료가 없다면 세입자는 돈이 부족할 때 당연히 월세를 가장 마지막에 납부할 것이다.

그럼 월세가 미납될 때 연체료를 받으면 불법인가?

부동산 계약서가 달라지고 있다. 부동산 계약서 하면 한 장짜리를 생각할 것이다. 그런데 주택임대사업자들이 의무적으로 써야 하는 표준임대차 계약서가 있다. 총 6장으로 되어 있어 매우 불편하다. 이것은 정부에서 만든 계약서이다. 일반적인 한 장짜리 계약서에는 연체료 표기항목이 없다. 하지만 표준임대차 계약서에는 연체료를 받을 수 있게 연체율을 적도록 했다. 나는 계약할 때 연체율을 기록하고 세입자에게 연체료가 있다는 사실을 알려준다. 그래야 월세 납부에 좀 더 신경을 쓰고 우선순위에서 배제되지 않는다. 물론 나는 한 번도 월세를 미납했다고 연체료를 받은 적이 없다.

원룸 건물을 운영하면서 가장 신경을 쓰는 것은 바로 월세를 받는 것이다. 체계적으로 관리하면 월세를 얼마든지 잘 받을 수 있다. 정 힘들면 원룸관리 대행업체도 있으니 비용을 주고 맡겨도 된다. 하지만 직접 관리하는 것을 추천한다. 내가 어떻게 하는지 알고 업체에 맡기는 것과 모르고 위임하는 것은 다르기 때문이다.

26

'공실 제로' 원룸 만드는 법

수익형 원룸 투자에 성공했다면, 이제는 공실 없이 잘 관리하는 것이 중요하다.

여러분이 인구가 유입되는 지역을 고르고, 그 지역 중에서도 경쟁력이 가장 뛰어난 A급 구역을 골랐다면 더더욱 잘했다. 하지만 A급 구역이라도 경제적 상황이나 경기 흐름에 따라서 공실이 발생하는 시기가 길어질 수도 있다. 이런 가뭄의 시기를 어떻게 잘 넘길 수 있는지를 알려주겠다.

지역 전체의 공인중개사에게 단체 문자 보내기

원룸 건물을 소유한 건물주는 공실이 생기면 어떻게 할까? 근처에 있는 공인중개사 3~4명에게 전화해서 새로운 세입자를 넣어달라고 요청한다. 방이 잘 나가는 시기에는 문제없지만 비수기에는 세입자를 찾기가 쉽지 않다.

나는 성수기든 비수기든 지역의 공인중개사 100명에게 단체 문자를 보낸다. 공평하게 기회를 주고 최대한 빨리 공실을 없애는 방법이기도 하다. 왜 100명으로 한정 지을까? 휴대전화로 단체 문자를 100개까지만 보낼 수 있기 때문이다. 사실 나는 150여 명의 공인중개사 전화번호를 알고 있다. 이 중 몇 년 동안 한 번도 계약을 못 한 공인중개사들은 추리고 있다. 간혹 신규 공인중개사가 매물을 달라고 부탁하면 100명에 그분을 넣고 실적이 낮은 공인중개사를 뺀다.

그럼 150여 명의 공인중개사는 어떻게 알아냈을까?

직방, 다방에 들어가서 지역의 원룸 월세 또는 전세를 중개하는 중개사를 찾아 전화번호를 저장했다. 그런데 요즘은 직방, 다방에 가상번호가 나오고 있어 실제 전화번호가 노출되지 않는다. 한 번은 일일이 전화를 걸어야 할 것이다.

내가 단체 문자를 보내는 100명의 공인중개사들은 나의 물건을 위해 선의의 경쟁을 하는 셈이다. 공인중개사들 중에는 내가 집주인인 줄 모르는 사람들도 많다. 그냥 법인 건물의 관리인 정도로 아는 분들도 있다. 나는 굳이 집주인임을 알리지 않는다. 관리인이면 어떤가. 일하기 수월한 게 최고다.

내가 보내는 단체 문자의 내용은 이러하다.

○○○ 회사 임대매물 안내
○○동 125번지 ○○빌
201호
300/48, 500/46 관포
1년만 가능
표준임대차계약서
○/5 입주 가능

이렇게 단체 문자를 보내면 감사하다는 답장을 보내는 공인중개사들이 있다. 나는 답장을 해주든 안 해주든 상관없다.

나하고 계약한 적이 없는 공인중개사들은 방을 보기 위해 비밀번호를 알려달라고 전화하거나 문자를 보낸다. 나의 빈방 비밀번호는 10년째 같은 번호다. 거래했던 공인중개사들은 그냥 알아서 손님에게 보여주고 사진을 찍으러 자유롭게 드나든다. 그러다가 계약이 성사되면 전화를 해서 계약하겠다고 알려준다. 그럼 나는 계약 특약사항을 보내주면 끝이다. 계약은 공인중개사가 알아서 하고, 계약서를 카톡이나 문자로 보내주고, 계약금을 입금한다. 나는 계약서를 확인한 후에 문제가 없으면 '이상 없습니다'라고 문자로 답장을 보낸다.

공실이 나갔으면 다시 공인중개사들에게 단체 문자를 보낸다.

'○○○ 회사의 모든 매물이 소진되었습니다. 감사합니다.'

이렇게 문자만 보내면 상황이 종료된다. 다른 공인중개사들은 아쉬워하며 직방, 다방의 광고를 내린다.

공실이 생기고, 방이 나가고, 입주를 해도 나는 문자와 전화 외에는 아무것도 하지 않는다. 입주 날짜에 잔금을 납부하고 입주해도 공인중개사가 알아서 안내를 해주므로 내가 찾아갈 필요가 없다. 140호의 세입자 중 입주하고 1년간 거주하고 퇴실하면서도 얼굴 한 번 본 적 없는 사람들이 대부분이다. 간혹 월세나 고장 수리 요청 때문에 전화나 문자는 하지만 만날 일은 거의 없다. 그렇다 보니 나의 건물에 갈 때 세입자가 나를 알아보고 인사하는 경우도 드물다.

내가 많은 호실을 임대 관리하고 있으니 사람들이 걱정한다. 관리인 없이 어떻게 일을 하냐고. 민원 전화를 받느라 일을 못 한다고. 사실 내 사업을 하면서 건물관리까지 한다는 것은 버거운 일이다. 하지만 여가 없이 하루 종일 일만 하지는 않는다. 여행도 가고 골프도 치고 여유를 누리며 살고 있다.

나는 짬이 나는 시간을 이용해 업체에 맡겨야 하는 도배, 장판, 변기 교체, 몰딩, 에어컨 청소 등을 한다. 만약 일정상 못할 상황이면 업체에 맡기기도 하지만 대부분 내가 한다. 2021년부터는 강의도 꾸준히 하고 있다. 일주일에 월, 수, 목요일 3일을 강의하면서 시간을 보내지만, 업체에 일을 맡기는 경우는 많이 늘지 않았다.

공실이 늘어나면 환경미화를 한다

내가 사는 평택 지역은 지금 방이 없어서 못 주는 상황이다. 이것도 언젠가는 지나갈 것이다. 예전에는 공실이 누적되어 4~5개의 공실이 있었던 시절도 있었다. 하지만 이 또한 지나갔고 다시 봄날이 왔다.

만약 1~2주 정도 공실이 그대로 남아있으면 어떻게 할까? 나는 비교적 한가한 주를 선택해 환경미화를 한다. 오래된 도배를 새로 하여 단장하거나 발코니 부분을 페인트로 다시 칠한다. 잘 켜지는 형광등도 LED 등으로 교체한다. 이렇게 환경미화를 말끔하게 해놓으면 안 나갔던 방에 새로운 세입자가 들어온다.

지금처럼 방이 부족할 때는 도배지가 눈에 거슬리게 약간 더러워도 도배할 겨를도 없이 방이 나간다. 하지만 가뭄을 겪는 시기에는 환경미화를 하여 주변의 공실 방과 차별화하는 전략을 찾아야 한다.

일시적으로 단기를 놓거나 월세를 낮춘다

환경미화를 했는데도 공실이 그대로 남아 있다면 극단의 조치를 취해야 한다.

우선, 단기세입자를 넣어도 된다고 공인중개사에게 안내 문자를 보낸다. '6개월 가능.' 이렇게 말이다. 차선책으로 단돈 2만 원 정도 월세를 낮춰서 내놓는다.

공실로 1~2개월 비워 두는 것보다는 이 방법이 낫다. 단기를 놓거나 월세를 조금 낮춰서 공실 없이 가뭄을 이겨내는 것이 이득이다. 하지만 여기서 주의해야 할 점이 있다. 3개월 정도의 너무 짧은 단기는 하지 않아야 한다. 3개월 살고 나가면 다시 이것저것 손봐야 하고 중개수수료도 줘야 하니 번거로운 일이 하나둘이 아니다.

가뭄이 심하더라도 절대 해서는 안 되는 것이 있다. 그것은 바로 보증금을 낮추는 것이다. 보증금이 100만 원 또는 그 이하로 낮아지면 앞에서 설명했듯 월세 미납자가 신경 쓰이고 관리도 힘들어진다. 1단계로 계약기간 단축, 2단계로 월세 조정까지만 하기를 바란다.

최후의 수단은 중개수수료를 인상하는 것

여러 방법을 총동원했는데도 공실이 점점 늘어나고 있다면?

이럴 때는 최후의 카드를 써야 한다. 중개수수료 더블 찬스다. 일시적으로나마 중개수수료를 인상해주는 것이다. 이렇게 하면 마법처럼 다음 주에 방이 나간다.

사실 우리 지역의 A, B, C 구역 중 C구역은 1년 내내 수수료가 더블 구역이었다. 그렇게 지불하지 않으면 방을 세놓을 수 없을 정도로 공실이 많았다. 지금은 지역 전체가 방이 없어 더블을 주지 않지만 말이다. 이런 장마철에 우리 지역에 잘못 투자하면 나중에 계속 수수료를 더블로 지불할 수도 있다. 악몽에 시달리지 않으려면 구역 선정에 신중해야 한다.

○○○ 회사 임대매물 안내
○○동 125번지 ○○빌 ×2
201호
300/48, 500/46 관포
1년만 가능
표준임대차계약서
○/5 입주 가능

단체 문자를 보낼 때 간단히 '×2'만 적어서 보내면 공인중개사들은 귀신같이 더블 수수료인지 알아챈다. 누가 설명해주지 않아도 말이다. 혹시 공인중개사 시험에 이런 내용이 나오는 걸까?

아무리 수익률 높은 건물을 구입했어도 공실이 있으면 수익률은 의미 없는 숫자일 뿐이다. 그래서 좋은 구역을 강조하는 것이다. 방이 부족한 시기에는 월세를 조금씩 올리고, 방이 잘 안 나가는 시기에는 월세를 조금씩 낮춰서 공실을 최소화하는 것이 원룸 투자의 수익률 극대화 전략이다. 우리는 은행의 금리처럼 유연하게 대처해야 한다.

27

원룸은 유지관리가 어렵다고? 방법을 알려주지

돈을 받고 물건, 설비, 건물 따위를 빌려주는 것을 임대업이라고 한다. 상가, 지식산업센터, 오피스텔, 아파트, 연립주택, 토지, 원룸 등을 임대할 수 있다. 이 중 유지관리가 가장 많이 필요한 것이 원룸이다.

상가나 지식산업센터 등은 공간만 대여하는 임대여서 수리를 해줄 일이 없다. 인테리어도 임차인이 직접 하므로 임대인이 마땅히 수리해주거나 보수해주는 일도 없다. 나 역시도 상가를 여러 개 보유하고 있지만 10년이 넘는 기간 동안 딱 한 번만 보수를 해주었다. 그 이례적인 일은 무엇이었을까?

아파트 단지 내 상가에서 일어난 일이었다. 내 상가의 전체를 물받이 공사하기 위해 각호의 임대인이 비용을 나누어 부담했다. 이처럼 공동 자산에 대한 보수를 하는 것 말고는 임대인이 해줄 일이 없다. 이 장점이 상가, 지식산업센터를 사면 좋다고 하는 이유일 것이다.

아파트나 오피스텔도 마찬가지다. 보일러 수리나 고장 난 도어록을 교체해주는 것을 제외하고는 임대하는 동안 보수한 경험이 없다. 사소한 것은 집안의 가장인 남편이 직접 수리하고 딱히 주인에게 연락하지 않는다. 그리고 관리비를 납부하는 관리사무소의 도움을 받아 수리하는 경우가 대부분이다.

그렇다면 원룸 주택은 왜 수리해달라는 요구가 많을까? 월세와 공동 관리비를 주인이 받고 있으므로 당연히 모든 관리를 해줘야 한다고 생각하는 임차인이 상대적으로 많기 때문이다. 혼자 사는 1인 가구의 특성일 수도 있다.

내가 소유한 수익형 자산 중 유지보수를 많이 해야 하는 것은 원룸주택이다. 이런 불편한 부분이 있지만 나는 투자처를 바꿀 생각이 전혀 없다. 오히려 수익률이 좋은 원룸 건물이 있으면 추가로 구입할 것이다. 수익형 부동산 중에 원룸 건물보다 좋은 수익률이 나오는 자산은 없다. 강의하면서 많은 사람에게 원룸에 투자하라고 권유하는 이유는 바로 이 때문이다.

원룸의 꼭 필요한 4가지 유지관리

원룸에는 여러 가지 유지관리가 필요한 것들이 있지만, 대략적으로 4가지로 나눌 수 있다.

- 전자제품
- 보일러
- 등기구
- 욕실용품

하나씩 유지관리하는 방법을 설명하겠다.

❶ 전자제품

냉장고, TV, 인터넷, 쿡탑(가스레인지), 에어컨과 보일러가 있다. 전자제품이 고장 나면 집주인이 전파사 기술자가 아닌 이상 제대로 고칠 수 없다. 나는 집에 있는 전자제품이 고장 나면 직접 고치려고 애써 보지만, 원룸의 가전제품은 손도 안 댄다.

예를 들어 원룸에 있는 냉장고가 고장 났다고 해보자. 당연히 세입자는 집주인에게 고장 나서 사용할 수 없다고 전화를 한다. 그럴 때는 신속하게 A/S를 해주거나 신상품으로 바꿔주어야 한다.

그런데 A/S를 접수할 때 집주인이 전화하면 해줄까? ○○전자 A/S센터에 전화해서 상담사와 어렵게 통화가 되었다. 그럼 상담사는 전자제품 기종부터 고장의 유형, 고장 난 시기 등을 물어본다. 그리고 A/S 방문 시간도 잡아야 한다. 세입자에게 일일이 물어보면서 통화할 수는 없는 노릇이다. 그래서 나는 세입자에게 직접 A/S를 접수하게 하고, 기사가 방문하면 집주인에게 전화하게 하라고 알려준다. A/S 기사는 이 말이 무슨 의미인 줄을 알고 나에게 전화해서 수리 방법과 비용에 대해 상의한다. 그런 다음 수리를 하거나 신품으로 교환해주면 된다. 내가 직접 세대를 방문하거나 A/S를 접수할 필요도 없다.

특히 나의 원룸은 2012년도 건물이 많다. 전자제품을 대부분 10년 정도 사용했으니 고장 나는 것은 당연하다. 그래서 2012년에 지어진 건물들에 있는 전자제품은 고장이 났다고 하면 인터넷으로 신제품 주문을 한다. 수령인은 세입자 번호를 남겨서 연락하게 한다. 폐기하는 전자제품은 무상으로 수거해가니 나는 인터넷으로 주문하고 결제만 하면 된다. 그리고 원룸에 들어가는 전자제품은 저렴하다. TV(32인치)는 12~15만 원, 냉장고는 20만 원 정도이다.

❷ 등기구

간혹 형광등이 나갔다고 집주인이나 공인중개사에게 전화하는 세입자들이 있다. 형광등과 리모컨, 도어록에 들어가는 건전지는 본인이 갈아 끼워야 한다고 말해주면 대부분 수긍한다.

그런데 형광등을 갈았는데도 안 들어올 때는 어떻게 할까? 그때는 안전기 고장이다. 집주인이 안전기를 교체해줘야 한다. 안전기 교체비나

LED 신규 교체비나 얼마 차이 나지 않는다. 나는 매주 수요일을 A/S 데이로 지정했다. 고장이 나면 수요일에 방문하여 수리 또는 교환해준다고 알려준다. 안전기 교체 시간보다 LED등 교체 시간이 더 적게 들어 편리하고 내구성이 좋아서 무조건 형광등이 나가면 LED등으로 교체해준다. 이제 내 건물은 70~80% 정도가 LED등으로 교체된 상태다.

❸ 욕실용품

욕실용품 중에서 신경 쓸 것은 샤워기 호스와 헤드, 그리고 변기 물통 끈 정도이다. 욕실에서 이것 말고는 고장이 날 것이 없다. 변기나 세면대가 파손되었다면 그건 세입자가 취급 부주의로 배상해야 한다. 샤워기 호스나 헤드는 고장 나면 대부분 다이소에서 3,000원 정도 주고 세입자가 구입하여 교환한다. 그런데 간간이 수리해달라고 하는 경우가 있다. 변기 물통 끈 같은 경우는 구입하기가 쉽지 않다. 인터넷에 팔지만 배송비가 더 많이 든다.

세입자가 욕실용품의 수리를 요청하면 나는 원룸 건물의 창고 위치와 들어갈 수 있는 비밀번호를 알려준다. 창고의 몇 번째 진열장에 가면 샤워기 호스나 헤드가 있는지 설명해준다. 그러면 누구나 가져가서 교환한다. 공구가 필요한 사람들도 있어서 스패너도 비치해 놓았다. "공구를 가져가서 쓰시고 제자리에 올려놓으세요."라고 하면 알아서 척척 한다.

창고 비밀번호를 알려주면 위험할 것 같지만 샤워기 호스 하나 더 가져간다고 그 비용이 얼마나 될까? 3,000원 내외의 제품들이다. 그리고 고장 났을 때 말 안 하고 가져가 수리하면 나는 더욱 좋다.

이렇게 원룸의 유지관리는 생각보다 어렵지 않다. 직접 방문하여 수리하는 경우는 거의 없고 전화나 인터넷으로 해결할 수 있다. 140호를 매주 수요일에 한 번에 모아서 A/S 해봤자 한두 건 정도이다. 시간도 10~20분 소요된다. 건물까지 가는 시간이 더 걸리지 수리하는 것은 금방이다.

나도 처음에는 시행착오가 많았다. 교환부품을 사가면 공구가 없고, 공구를 가져가면 교환부품을 잘못 사 와서 왔다 갔다 하는 시간이 오래 걸렸다. 이제는 무슨 고장인지만 들어도 머릿속에 척척 준비물이 생각난다. 여러분도 머지않아 나처럼 될 것이다.

28

월세 계약의 **꿀팁**

나는 매달 3~6건 정도의 월세 계약을 한다. 내 일상 중의 하나다. 웬만한 공인중개사보다 계약을 많이 하는 편이다. 계약 시간은 보통 30분~1시간 정도가 필요하다. 능력이 출중한 공인중개사는 진행이 빠르고, 서투른 공인중개사는 서류를 작성하는 데 시간이 오래 걸린다. 하지만 나는 희희낙락하며 여유롭다. 계약할 때 부동산 중개소에 방문하지 않기 때문이다. 만약 계약할 때마다 도장을 들고 방문한다면 많은 시간을 할애해야 할 것이다.

요즘은 월세나 전세 계약을 할 때 집주인이 참석하지 않는 것을 당연하게 여긴다. 주로 공인중개사와 임차인 둘이서 계약서를 작성한다. 도장은 부동산 중개소에 비치해 놓은 조립도장으로 만들어 법인 도장을 대신한다. 나는 법인 도장이 4개 있는데 능력 있는 공인중개사에게 맡겨놓기도 한다. 계약서를 작성하면 문자나 카톡으로 보내줘서 검토는 하지만 기존 거래처인 공인중개사는 알아서 척척 일을 잘한다.

계약하고 며칠 후면 세입자가 입주하면서 잔금을 납부할 것이다. 입주가 끝나면 점심시간을 활용해 부동산 중개소에 방문하여 계약서를 받아오고 중개수수료를 납부하기만 하면 된다. 일부 친한 공인중개사들은 내 사무실로 계약서를 가지고 방문하기도 한다.

입주한 세입자는 공인중개사의 도움으로 가스와 전기를 본인 명의로 등록하면 모든 절차가 끝난다. 나는 신규 세입자와 전화를 한 적도 만난 적도 없는데도 내 원룸에 들어와 살고 있다.

월세 계약할 때 꿀팁은 아무것도 안 하면 된다는 것이다. 아주 쉽다. 하지만 한 가지는 준비해야 한다. 바로 특약 사항이다. 이것은 월세 계약을 할 때 우리 원룸의 규칙 같은 것이다. 세입자가 꼭 지켜야 하고 위반 시에는 어떤 조치사항 등이 있는지를 나열해 놓았다. 메모장에 정식으로 기록해놓고 계약할 때 보내주면 된다.

월세 계약 시 특약 사항

❶ 퇴실할 때 청소비 7만 원을 지불한다.

입주할 때 업체를 불러 청소하고 퇴실할 때 청소비를 받는 시스템이다. 요즘 아파트 전세, 월세도 입주 청소는 해주고 나갈 때 그 비용을 지불하는 경우가 많다. 원룸은 오래전부터 이렇게 운영되고 있다. 어떤 세입자도 이 조항에 대해 문제 삼지 않는다.

❷ 애완동물 사육을 금지한다.

요즘은 애완동물을 반려동물이라고 한다. 강아지나 고양이 등을 키우면 원룸에 문제가 많이 생긴다. 애완견이 주인 없을 때 복도에 지나가는 사람들을 보고 짖는 경우가 있다. 그러면 이 건물에서는 강아지를 키워도 되는 줄 알고 너도나도 애완견을 키우게 된다.

특약 사항에 애완동물 사육을 금지한다고 했는데도 몰래 키우는 세입자들이 있다. 퇴실 시 빈방을 둘러보면 금방 확인할 수 있다. 창틀에 강아지나 고양이 털이 수북하다. 강아지는 몰딩이나 걸레받이를 물어뜯어서 파손하고, 고양이는 방충망을 발톱으로 긁고 찢어놓는다. 이런 경우에 나는 파손품에 대해 배상하게 하고 동물 사육으로 인한 소독비를 20만 원 청구한다.

❸ 실내 또는 건물 안에서는 금연한다.

요즘 누가 방에서 담배를 피우나요? 원룸에서는 담배를 피우는 사람들이 많다. 혼자 사는 공간이니까 피워도 모를 거로 생각하고 화장실이나 발코니, 심지어 방에서도 흡연을 한다. 만약 퇴실할 때 흡연한 흔적이 확인되면 도배비, 에어컨 청소비 등을 배상해야 한다.

그럼 어떻게 흡연한 흔적을 찾을까? 나도 흡연자이기 때문에 방에서 담배 냄새를 맡는 것은 어렵다. 나는 물티슈 한 장으로 흡연한 흔적을 금방 찾을 수 있다. 물티슈로 원룸 몰딩이나 화장실 문을 닦아보면 곧바로 노란 니코틴 때가 나온다. 이렇게 확인하면 세입자가 오리발을 내밀 수 없다.

❹ 벽에 스티커를 부착하거나 도배를 훼손하면 도배비를 청구한다.

요즘은 벽에 못을 박는 사람들은 거의 없다. 하지만 다이소에서 파는 고리형태의 걸이를 붙이는 경우가 많다. 라이터로 가열해서 붙이면 기가 막히게 잘 붙는다. 하지만 제거할 때는 기가 막히게 제거가 안 된다. 도배지가 찢어질 정도다. 이런 것을 붙이면 안 된다는 문구이다.

❺ 옵션 제공품을 기록한다.

TV, TV장, 에어컨, 무선공유기, IP수신기, 냉장고, 블라인드, 리모컨(3개), 소화기.

여러 옵션 제공품을 기록하는 것이다. 과연 퇴실할 때 이런 것을 가져갈까 봐 적는 걸까? 요즘 누가 이런 제공품을 가져가나! 안 가져간다. 간혹 이삿짐에 실수로 리모컨이 딸려 가기는 하지만 본인의 물건이 아니면 가져가지 않는다. 그런데 옵션 제공품을 상세하게 기록하는 이유는 무엇일까?

두고 가는 물품 때문이다. 장롱, 책상, 전자레인지 등을 두고 가는 경우가 있다. 이런 것을 두고 가면 다음 세입자가 사용할 수 있어서 좋을 텐데 왜 그리 빡빡하게 구는 걸까? 처음에는 나도 좋다고 생각하여 다음 세입자가 쓴다고 하면 넘겨주었다. 그런데 문제가 생기기 시작했다.

"사장님, 지난번에 주신 전자레인지가 고장 났어요."

"어, 그것은 그냥 쓰라고 준 건데요."

"사장님이 주신 거니까 고쳐주세요."

맞는 말이다. 제공품이 고장 나면 집주인이 고쳐주는 것이 맞다. 여러 번 황당한 일을 겪고 나서는 아무리 좋은 것도 두고 가지 말라고 방침을 바꿨다. 간혹 소형 원룸을 운영하거나 관리하는 분들은 세입자가 두고 간 집기를 당근마켓에 판매한다는데, 나는 그렇게 한가하지 않다.

❻ 퇴실하는 경우 1개월 이전에 임대인에게 통보한다.

원룸에 사는 세입자들은 입주할 때 미리 방을 얻어놓지 않는다. 짐을 싸 들고 와서 방을 찾고 당일 입주를 한다. 대부분 남성의 경우가 그렇다. 만약 당일에 방을 못 구하면 모텔에 며칠 머물면서 방을 구해 입주한다. 이렇게 하므로 나갈 때도 집주인에게 미리 이사 계획을 알리지 않는다. 갑자기 전화해서 "사장님, 짐 다 뺐습니다. 보증금 돌려주세요." 이런 식이다.

이런 경우에 내가 항시 대기하는 것도 아니고 참 난처하다. 가급적 편의를 봐주지만 불가피한 경우 2~3일 후에 정산해줄 때가 간혹 있다. 그래서 사전에 집주인에게 알려달라는 의미로 적어놓는 조항이다.

❼ 만기 종료, 연장 시, 퇴실 3개월 전에 임대인에게 통보한다.

이 조항은 임대차보호법의 근간이 되는 조항이다. 임대차보호법에는 계약기간이 종료되면 자동으로 2년간 연장이 된다. 그리고 연장된 2년 안에 아무 때나 나갈 수 있게 법이 만들어졌다. 이것을 묵시적갱신이라고 한다. 임대차보호법이 임차인에게 유리한 편이라서 그렇다. 하지만 여기에는 단서 조항이 있다. '단 3개월 이전에 임대인에게 통보해야 한다.'

원룸의 세입자들은 직장 때문에 타 지역에 머무르는 1인 가구가 많다. 퇴실 3개월 전에 통보할 수 없는 상황이다. 직장을 퇴사할 때 3개월 전에 사표 쓰는 사람이 있을까? 그런 일은 희박하다. 이 조항은 정상적인 아파트의 경우에는 가능할지 몰라도 원룸의 특성상 적용하기 어렵다. 사실 나는 1년 이상 살다가 나가는 세입자에게는 대부분 그냥 방을 빼주고 있다. 하지만 다른 집주인들은 모두 이 조항을 적용해서 계약위반으로 보고 중개수수료 등을 받아내고 있으니 참고하길 바란다.

29

퇴실할 때의 요령과 신규 세입자 맞추기

매달 신규 계약 건이 3~6호가 있다는 말은 퇴실하는 세입자 수도 그만큼 있다는 것이다. 신규 계약이야 내가 직접 가지 않아서 좋긴 한데, 세입자가 퇴실할 때는 사정이 달라진다. 퇴실을 하게 되면 세입자에게 다음 날까지는 보증금을 돌려줘야 한다. 만약 내가 해외여행이나 지방 출장 중이라면 어떻게 해야 할까? 나는 아무 데도 못 가고 항시 대기만 해야 할까?

그렇지는 않다. 대리인이 퇴실 체크를 하고 나는 정산할 금액만 송금해주면 된다. 콘도나 호텔에서 체크아웃을 할 때 내부 비품을 확인하고 유료상품을 체크하여 비용을 받듯이 나 역시도 이러한 시스템이 있다.

퇴실 체크리스트

세입자가 퇴실하면 가스와 전기 계량기를 체크하여 비용을 청구한다. 아파트에 사는 경우 세입자가 모두 정산하지만, 원룸은 집주인이 정산하여 보증금에서 공제하는 방식이 된 지 오래다. 또한 청소비도 공제한다.

제일 중요한 것은 퇴실한 집의 하자 체크이다. 이것저것 체크하여 배상 조치할 것이 있는지 확인한다. 만약 내가 못 할 경우에는 인근 공인중개사에게 부탁하여 퇴실한 집을 확인해달라고 한다. 그러면 1시간 안에 방을 체크한 공인중개사가 전화로 별 이상 없다고 전해준다. 나는 이상 없음을 확인하고 가스비와 전기 사용액, 청소비를 공제하고 보증금을 보내준다.

다음 날 시간이 될 때 퇴실한 집에 가봤는데 파손된 부분이 보이면 참 난감하다. 그렇다고 나를 위해 서비스해준 공인중개사에게 따질 수도 없는 일이다. 이런 일들이 빈번하게 일어나서 나는 새로운 시스템을 만들었다. 바로 이사 체크리스트를 만들었다. 누구나 쉽게 퇴실한 집을 체크할 수 있게 정리해놓았다.

내가 시간이 안 될 때는 누군가에게 퇴실 체크를 요청하고 동시에 이 리스트를 보내준다. 이 리스트에 있는 항목에 맞춰서 점검하면 된다. 이 시스템을 도입한 후에 한 번도 난처한 상황이 벌어지지 않았다.

퇴실 체크리스트

1. 전등 확인
2. 샤워 호스, 수전, 세면대 폼업 확인
3. 변기 누수 확인
4. TV 동작 확인
5. 에어컨 동작 확인
6. 방충망 확인
7. 제공품 확인
8. 버리고 간 물품 확인
9. 가스레인지, 후드 확인
10. 도배 상태 확인
11. 보일러 동작 확인
12. 기타 파손 여부 확인

체크리스트는 12가지 항목이다. 누구나 쉽게 하나씩 점검하면 된다. 이런 시스템을 만든 후 나는 지방에 출장을 가거나 해외를 나가도 안심하고 쉴 수 있었다.

다음으로 할 일은 비밀번호를 변경하는 것이다. 퇴실 체크를 해준 공인중개사에게 부탁하면 쉽게 바꿔준다.

세입자에게 정산해주고 나면 수리할 사항들을 알게 될 것이다. 간단한 부분은 다음 날 내가 직접 하면 되지만 그렇지 못한 경우에는 업체에 요청한다. 철물점, 도배 사장님에게 전화를 걸어 내용을 전달하고 완료 가능한 날짜를 받는다. 수리나 도배가 끝나면 청소업체 사장님에게 청소를 의뢰한다. 그럼 이제는 새로운 세입자를 맞이할 준비가 끝났다.

세입자가 나가고 수리, 도배, 청소까지 끝내려면 3일 정도가 걸리지만, 입주 가능 일자가 잡히면 공인중개사에게 매물을 전달하는 것은 문제가 없다. 준비된 서식으로 100명의 공인중개사에게 문자를 보내고 입주 일자는 3일 후의 날짜를 적어 보내면 된다.

만약 내가 근거리에 있다면 퇴실 시 체크리스트는 필요 없다. 시간만 된다면 수리와 도배, 청소도 내가 할 수 있다. 하지만 내가 없을 때를 대비하여 나만의 시스템을 만든 것이다. 나는 점차 일을 줄여나가고, 나의 지역에서 벗어나 살 것이다. 이때를 대비하여 하나하나씩 자동 시스템을 만드는 중이다. 내가 직접 손보지 않아도 되는 시스템 말이다. 물론 직원을 한 명 고용하면 쉽게 해결되는 일이기도 하다. 하지만 건물을 관리하는 직원을 고용하기에는 지금 규모는 너무 작다.

나는 새로운 일을 준비하고 있다. 내가 사는 평택 지역에 원룸관리업을 구상하고 있다. 어차피 직원을 고용할 거라면 최소 300호 정도는 관리해야 직원의 급여가 나올 것이다. 그러니 내 건물 빼고 160호는 외부의 건물을 관리하여 수익을 창출해야 한다. 아니면 내가 건물을 더 늘리던가. 언젠가는 지금 구상하는 건물관리 회사도 만들어질 것이다. 그때까지는 내가 직접 해야 한다.

5장

수익형 자산으로 부자 되는 길

30

대출 원금 상환을 **할까 말까?**

대출금을 갚을까, 전세부터 뺄까? 고민하는 사람들이 많을 것이다. 결론부터 이야기하면, 당연히 전세부터 월세로 전환해야 한다.

우리가 원룸 주택을 구입하는 이유는 다름 아닌 안정적인 고정수익에 있다. 즉 자산에서 나오는 안전한 현금흐름인 것이다. 그런데 전세를 주어야만 했던 이유는 투자금이 부족했기 때문이다. 전세를 목적으로 원룸을 구입한 것이 아니라면 당연히 월세로 전환해야 한다.

전세부터 빼는 것이 추월차선이다

간단히 계산해 보면 이해가 될 것이다. 지역에 따라 월세 대비 전세의 비중이 다를 수는 있다. 하지만 서울을 제외하고는 많은 차이가 나지 않는다.

내가 보유한 원룸의 예를 들어보자.

보증금 300만 원에 월세 45만 원을 받는 원룸이 있다. 전세를 줄 경우 5,000만 원에 관리비 5만 원을 받는다. 이것도 최근에 전세가가 올라서 그렇지 4,500만 원을 받았었다. 내가 4,700만 원만 있으면 40만 원의 수익이 더 들어온다는 계산이 나온다. 이것은 계산도 아니다. 그럼 연 10%의 고수익 자산인 것이다. 이렇게 높고 안정적인 투자자산이 어디에 있을까? 내가 투자해놓은 자산에 전세만 월세로 바꿔도 10%의 수익이 창출된다. 이 원룸 건물에 대출이 있다고 해도, 높은 이자를 받는 제2금융권의 대출이라고 해도 4%대일 것이다. 당연히 대출금을 상환하는 것보다는 전세를 월세로 전환하는 것이 유리하다.

나는 여러 개의 원룸 형태의 자산을 구입하면서 대출을 얻고 전세를 끼고 구입하고 있다. 부족한 자산은 전세를 추가로 만들어 잔금을 처리한다. 이러니 당연히 많은 전세 세입자도 있을 수밖에 없다. 하지만 이제는 나의 자산에서 나오는 소득이 많아져서 한 달에 한 호 이상의 전세를 상환할 현금흐름을 가지고 있다. 그럼 나의 현금흐름은 더욱더 높아지는 것이다. 나는 2년간 투자를 하지 않았지만 지금과 같은 투자를 하고 있어 현금흐름은 더욱 높아지고 있다. 이것이 수익형 원룸 투자의 최대 장점이다.

대출금을 갚아야 하나?

원룸 건물의 대출을 갚아야 한다는 입장과 갚으면 안 된다는 입장이 팽팽하게 대립한다. 내가 완전한 해결책을 알려주겠다.

일단, 원룸의 대출을 갚아야 한다는 사람들은 불필요한 대출금 이자를 생각하면 갚으라고 하는 것이다. 갚으면 안 된다는 사람들은 만약 대출금을 갚으면 다시는 대출을 받을 수 없으므로 이런 주장을 하는 것이다. 두 가지 모두 일리가 있다. 대출을 갚고 다시 대출을 받으려면 세입자들이 모두 없어야 대출을 해주기 때문이다. 은행은 세입자의 전세권이나 확정일자보다 우선하는 권리를 얻을 때 대출을 해준다.

나의 정확한 솔루션은 '대출은 갚아야 한다.'이다. 단, 모두 상환하지 말고 5,000만 원 정도를 남겨두는 것이다. 만약 대출금을 모두 갚으면 다음 해에 은행에서는 근저당 설정을 지울 것이다. 하지만 모두 상환하지 않을 경우 근저당 설정을 지울 수가 없고 근저당 설정금액 또한 낮추지 않는다. 이렇게 하면 근저당 채권최고액은 그대로 남아 있게 된다. 이 건물을 매도할 때 매수자는 은행과 상담하여 채권최고액 이하로 대출을 다시 발생시킬 수 있다.

그러니 정답은 마음껏 갚되 5,000만 원 정도는 팔 것을 생각하여 남겨두라는 것이다.

31

수익형 자산 투자만으로 **부자 되는 절대 법칙**

나는 남들과 비교하면 간이 작다. 투자할 때도 베팅하는 투자를 못한다. 나는 힘들게 모은 나의 종잣돈을 한 푼도 잃고 싶지 않다. 그래서 안전한 수익형 투자밖에 할 줄 모른다.

나는 우연히 주변 사람들을 따라가다 아파트 청약에 당첨되었다. 그리고 입주가 임박해지자 두려움이 몰려왔다. 새로 지은 아파트는 너무 좋아서 들어가 살고 싶었다. 하지만 하루에 2만 원이나 되는 이자를 도저히 감당할 수가 없을 것 같았다. 그 집에 들어가 살면 가위에 눌릴 것만 같아서 아내를 설득했다. 나는 그 집의 이자를 감당하기 위해 월세를 놓는 것 말고는 다른 방법이 없었다. 나의 수익형 1호 자산은 이렇게 만

들어졌다.

나는 더욱더 절약하여 두 번째 수익형 아파트를 구입했고 다시 월세를 놓았다. 그렇게 아주 조금씩 자산소득이 늘어났다. 몇 년이 흐르고 다시 3번째 수익형 자산인 소형 아파트도 추가되었다. 이렇게 점차 자산에서 나오는 소득이 증가했다. 어느덧 나는 아파트 5채가 되었고 자산에서 나오는 소득이 나의 지출보다 많아지기 시작했다. 로버트 기요사키가 말하는 부자의 첫걸음에 진입한 것이다.

부자 아빠의 현실판

우연한 기회에 〈교차로〉 신문을 보다가 원룸 건물이라는 것을 보았다. 간단히 계산해도 너무 좋은 물건이었다. 2억 5,000만 원만 있으면 6억 5,000만 원짜리 건물을 살 수 있다니. 생각만 해도 가슴이 뛰었다. 그리고 더 놀라운 것은 매달 300만 원의 월세를 받는다는 것이었다. 아파트와는 비교할 수 없는 월세였다.

나는 곧바로 달려가 건물을 보았다. 기존 아파트 2채를 팔아 올 테니 이 건물을 팔지 말라고 애원을 했다. 공인중개사는 계약하고 나서 팔아도 되니 계약부터 하라고 나를 꼬시고 부추겼다. 하지만 불안했다. '혹시 계약기간 3달 안에 안 팔리면 어떡하지?' 이런 고민을 하고 있자, 공인중개사는 그럼 조건부로 6개월로 계약기간을 늘리자고 했다. 돈이 마련되면 잔금 일자를 단축한다는 조건으로 말이다. 나는 드디어 건물주가 되었다. 5년이 지나 또 다른 원룸 건물을 구입했다. 그리고 3년 후에 더 큰 호실의 건물을 추가로 구입했다.

나는 마음만 먹으면 건물을 살 수 있었다. 계약금만 있으면 건물을 사는 건 문제도 아니었다. 나머지 부족한 돈은 기존 건물과 신규로 구입할 건물에 전세를 놓아 메꾸면 되는 것이었다. 나의 자산은 점점 늘어갔다. 자산에서 나오는 소득 또한 늘어나기 시작했다.

내가 받는 급여보다도 많은 돈이 자산에서 나오고 있었다. 나는 멈추지 않았다. 더욱 열심히 전세를 월세로 전환해 나갔다. 나의 자산소득은 추가 투자를 하지 않아도 계속 늘어났다. 또 좋은 건물이 나오면 구입했다.

어느 날, 아내가 나에게 얘기 좀 하자고 했다. 화가 많이 나 있었다. 나의 첫 아파트에 못 들어갔을 때도 이해해준 아내가 왜 이럴까 생각하며 다가갔다. 아내가 조용히 말했다.

"당신은 누구를 위해 돈을 벌고 있나요? 언제까지 자린고비처럼 살 건가요? 당신은 크리스마스 캐럴에 나오는 스크루지인가요?"

무언가 머리에 폭탄을 맞은 듯했다. 맞다. 아내가 브레이크를 걸어준 것이다. 돈 모이는 재미에 주변을 둘러보지 않고 앞만 보고 달리고 있었다. 주변에서 무슨 소리를 하든 상관 안 하고 말이다.

아내의 충고를 들은 이후로 나는 변화하기로 스스로 약속했다. 그리고 지출하면서 조금 속도를 늦추기로 했다. 속도가 느려진다고 해서 앞으로 나아가지 않는 것은 아니다.

제일 먼저 아내에게 생활비를 대폭 인상해주었다. 그리고 그간 고생한 노고에 감사하는 마음으로 아내에게 주택도 선물해 주었다. 나도 고급 승용차를 샀다. 하지만 더는 사치를 부리는 것은 힘들었다. 몸에 안 맞는 옷을 입고 있는 것처럼 너무 불편했다.

아내는 이 정도로만 변한 것도 다행이라며 웃어주었다. 나의 삶에서 가끔 길을 안내해주는 아내에게 감사할 따름이다.

수익형 자산만으로 부자가 되는 것은 바보 같은 방법일 수도 있다. 하지만 나는 도전해 보았고 이루었다. 여러분이 차익형 투자로 어느 정도 종잣돈을 모았다면 이제는 수익형 자산으로 이동하길 권하고 싶다.

나의 자산은 스스로 자라났다. 더 이상의 투자 없이도 1년 만에 월 1,000만 원의 추가 소득이 들어왔다. 지금은 월 7,000만 원 이상의 자산소득이 들어오고 있다. 나는 1년 넘게 추가 자산에 투자하지 않았고 전세를 월세로 전환하기만 했다. 그런데도 월세의 가격이 올라 소득이 더 증가하고 있다. 나의 자산은 안전하게 스스로 성장하고 있다.

32

원룸의 새로운 형태인 **공용기숙사가 나온다**

기숙사 하면 대학 때 묵었던 기숙사나 회사 초년생들이 거주하던 기숙사가 떠오를 것이다. 이제는 일반인을 위한 기숙사가 등장한다고 한다.

국토교통부가 공공과 민간의 대규모 공유 주거 서비스를 위해 '공용기숙사' 용도를 신설하는 내용의 건축법 시행령 개정안을 입법 예고했다. 이제 새로운 1인 주거형 거주 수단이 탄생한다는 의미다. 기존의 열악한 고시원을 대체하는 거주 시설이 생긴다. 기존의 고시원은 상가를 개조하여 만들어졌기에 거주 환경뿐 아니라 소방에 취약했다. 한번 화재가 나면 속수무책으로 대형 참사로 이어지기 일쑤였다.

이제는 공용기숙사가 생기면 보다 좋은 환경에서 주거할 수 있어 사회 초년생에게는 희소식일 것이다. 나도 적극적으로 이러한 시설에 투자할 준비를 해야 할 때이다. 개정안은 2022년 1월 중에 발표한다고 하니 그전에 건축사, 회계사, 공인중개사, 법무사 등과 미팅하며 예상 시나리오를 만들고 공용기숙사 건물을 신축하는 것을 목표로 준비하려고 한다. 벌써 몇몇 전문가를 만나서 일부 검토를 끝내놓은 상태이다.

나는 이런 새로운 개정안이나 법령이 발표될 때마다 공부한다. 하지만 시간 외에는 아무것도 지출하지 않는다. 나의 멋진 미래를 위해 지금 시간쯤이야 얼마든지 투자할 수 있다.

1인 주거의 변천사

1990년대의 1인 주거는 문간방이었다. 주인 세대 옆에 붙어 있는 부엌을 통해 들어가는 작은집이 전부였다. 아마도 이것이 원룸의 시초가 아니었나 싶다.

2000년 이후부터는 주택용지에 원룸 형태의 주택이 들어서기 시작했다. 대부분 연립주택이었지만 간간이 1인 주거의 형태인 원룸도 있었다.

그러다 2010년부터 1인 주거가 점점 증가했다. 정부에서는 도시형 생활주택을 권장했다. 도심 주거지역에 1인 주거형 원룸을 건설하면 저금리 대출까지 해주면서 원룸 건축을 부추겼다. 그리고 저금리 대출을 해주는 조건으로 주택임대사업자에 가입하도록 유도했다. 이때 2%

대의 낮은 금리로 대출을 받아 기존주택을 허물고 신축하는 사람들이 많았다.

최근에는 생활형 숙박시설이 생겨 상업지역에 1인 주거 원룸형 숙박시설이 늘어나는 추세다. 하지만 오래가지 못하고 더 이상 주거는 안 되고 숙박만 가능하다는 정부의 방침이 나와 지금은 생활형 숙박시설을 추가로 짓기는 어려워진 상황이다.

2022년부터는 앞에서 설명했듯 공용기숙사가 신설된다. 이제 정부도 1인 주거 세대의 증가에 발맞춰서 무언가를 추진하고 있지만 항상 처음에는 우왕좌왕하면서 가닥을 잡아나간다. 그렇게 허술한 틈을 타 먼저 투자를 시작하는 것이 좋을 수밖에 없다. 시, 구청도 처음부터 방침이 생길 수 없으니 투자자들이 먼저 법을 이해하고 고지를 점령하는 것이다. 그 후 문제점이 발생하면 보완해 나가지만 기존 허가분에는 소급 적용할 수 없다. 그래서 항상 먼저 시작하는 부지런한 투자자가 승리한다.

공용주택의 예상과 전망

공용기숙사를 생각하면 공용 취사장과 세면장을 사용하는 불편한 시설처럼 느껴질 것이다. 하지만 내 생각은 다르다. 1인 주거의 형태로 세대가 구성될 것이며 공용 세면장이 아닌 각호에 욕실을 넣을 것이다. 이것은 선택사항 정도일 것으로 예상한다.

그리고 설거지를 할 수 있는 싱크대 공간은 있지만 취사는 못 하게 할 가능성이 있다. 대도시에 있는 다중주택을 생각해보자. 다중주택은 취사를 할 수 없다. 단지 전기 인덕션을 제공하여 취사하는 것이다. 만약 집주인이 제공하지 않고 세입자가 구입하여 사용한다면 과연 제재가 가능할까? 공용기숙사도 이렇게 변형되어 운영할 가능성이 높다.

각각의 방에 소방시설을 완비하게 허가할 것이다. 고시원의 문제점을 극복하기 위한 방법이다. 외벽도 방음이 잘 되게 만들어질 것이다. 그렇다면 기존의 원룸주택과 다를 바가 없는 공용기숙사가 탄생할 것이다.

이러한 공용기숙사는 주거용이 아닌 상업 시설이 될 가능성이 높다. 그리고 20호 이상을 건설해야 하므로 주거용지보다는 상업용지에 적합할 거로 예상된다.

주차법은 어떠할까? 물론 바닥면적에 맞는 주차 공간만을 필요로 할 것이다. 상업지역에 높게 건축하더라도 지하 주차장을 만들지 않아도 되는 투자 대비 수익이 높은 주택이 탄생할 것이다.

실입주자가 사용하기 편하게 유료 공용세탁실 공간만 운영하면 될 정도로 관리가 쉬울 것이다. 나는 2022년 2월 신설되는 공용기숙사에 많은 기대를 한다. 그간 매입하여 임대사업을 했지만 이번에는 건설임대사업자로 업그레이드할 좋은 기회다.

33

매도 잘 하는 법

수익형 자산의 매물 정보를 보면 수익률이 천차만별이다. 당연히 건물의 모양과 형태, 위치가 다르니 아파트와 달리 가격도 천차만별일 수밖에 없다. 하지만 수익률은 비슷해야 하는데 올려놓은 매도가를 정리해보면 너무 다양하고 어떤 기준으로 올린 것인지 알 수가 없다. 이 중 가장 근거 있는 가격 조건을 보면, 소형주택의 경우 매도인이 구입할 때의 가격에서 대략 1~2억 상향한 가격으로 매물이 많이 나온다. 대형주택의 경우에는 3~5억 정도 올린 가격이다.

대부분 수익형 자산 건물들은 경기를 타지 않는 편이다. 그리고 일정한 수익이 꾸준히 들어오므로 급매물이 나오기가 비교적 쉽지 않다. 급매라 하더라도 절대 손해 보고 내놓는 일은 없다. 즉, 구입 가격보다 높게 매물이 나온다.

매수 당시 높은 가격에 구입한 건물은 쉽게 되팔리지 않고 장기 매물로 나와 있다. 이러다가 초보 투자자들이 걸려 운 좋게 되팔리는 게 대부분이다.

지금 우리 지역에도 1년 넘게 안 팔리고 있는 건물들이 있으나 주인들은 가격을 낮출 생각을 하지 않는다. 상대적으로 내 물건이 경쟁력이 있는지 없는지조차도 모르고 가격을 고수하는 경우가 다반사다. 왜냐하면 그들은 계속 수익을 창출하기 때문이다.

주먹구구식으로 매도하지 말고 나만의 매도전략을 세워라

지피지기면 백전불태가 여기서도 적용된다. 매도를 생각하는 집주인이라면 주변의 동일 규모의 건물들의 수익률표를 수집해야 한다. 그리고 매수 때와 같이 용주주의 수익률 계산표에 넣어서 실 수익률을 조사한다. 이때 가장 높은 가격대의 실 수익률을 알아낼 수 있을 것이다. 그럼 역으로 내 건물의 수익률을 0.2%만 높게 하여 매물로 내놓는다면 빠른 속도로 팔려나갈 것이다. 누가 봐도 시장의 판에서는 내 물건이 가장 수익률이 높기 때문이다.

이렇게 했는데 내가 원하는 매도가에 못 미치는 경우가 있을 수도 있다. 심지어 내가 매수한 금액보다 낮을 수도 있다. 이럴 때는 방법을 달리해야 한다.

실제 투자금이 낮게 건물을 세팅해야 한다. 즉, 전세를 미리 놓아서 실제 투자금을 낮게 만들어야 한다. 대부분 수익형 자산을 구입하려는 사람들의 심리를 읽어야 한다. 그들은 8~12억 정도의 작은 건물은 3~4억의 실제 투자금으로 구입하고, 15~25억 정도의 중간 건물은 5~8억의 실제 투자금으로 구입하길 원한다.

만약 건물가격이 20억인데 실제 투자금 3~4억으로 구입할 수 있다면 사고 싶어 하는 매수자가 넘쳐날 것이다. 건물을 구입하는 디테일한 방법을 모르는 일반인은 전세를 활용하여 구입하는 방법을 모른다. 시장에서 실제 투자금이 부족한 물건은 쳐다보지도 않는다. 그러니 나의 물건을 소액 투자로 가능하게 세팅하면 되는 것이다.

매도를 결정했다면 서서히 전세로 전환해야 한다. 그러다 보면 점점 내 건물을 구입할 의사가 있는 사람들이 많아진다. 나는 작은 규모의 건물을 파는 경우라면 실제 투자금을 1~2억으로 만들어 놓을 것이다. 이렇게 하면 좀 더 높은 가격에도 사려는 사람들이 많아진다.

나는 전세를 활용해 이미 건물가격의 일부 금액을 먼저 받을 수도 있고 다른 투자자산을 구입할 종잣돈을 미리 준비할 수도 있어 일석이조의 효과가 있다.

화장을 고치고

지금 나는 건물의 수리를 웬만하면 직접 하고 있다. 월세를 주기 위한 필수적인 수리다. 하지만 건물을 매도하는 경우 건물을 수리할 계획을 가지고 있다.

우선, 건물 외곽, 복도, 현관, 외벽 부분을 수리 또는 보수할 것이다. 최소의 비용으로 낡은 건물을 그렇지 않은 건물처럼 화장할 것이다. 늙어서 주름이 생긴 부분을 화장으로 커버할 것이다. 만약 화장을 안 하면 매수인들은 보수와 하자 부분을 찾아 가격을 깎으려고 할 것이 분명하기 때문이다.

두 번째는 건물 청소를 기존보다 철저히 할 것이다. 청소업체에 맡겨 대청소를 하고 청소하는 주기도 앞당길 것이다. 그래봐야 몇십만 원 추가된다. 이렇게 환경미화를 함으로써 첫인상을 좋게 할 수 있다. 첫인상은 매우 중요하다. 하나를 보면 열을 안다고 청소가 잘 되어 있는 건물이나 집을 보면 다른 관리도 잘 되어 있다고 평가받는다.

세 번째는 세입자들이 복도나 건물 주변에 놓아둔 물품들을 말끔히 정리할 것이다. 복도에 나와 있는 박스, 자전거, 전동 킥보드 등을 정리해서 말끔한 상태를 만들어야 한다. 우리가 집을 팔기 위해 부동산에 내놓으면 청소를 더욱 열심히 하고 정리하는 것처럼 말이다.

가격 홍정 NO

내 건물을 구입할 의사가 있는 사람이 방문하고 나면 공인중개사가 전화하여 얼마까지 깎아 줄 거냐고 묻는다. 10억 이상의 건물을 구입하면서 가격을 홍정하지 않고 사는 사람은 당연히 없다. 이때 나는 절대로 가격을 내려주지 않는다. 일부 사람들은 3,000~5,000만 원 정도 깎아 줄 마음으로 높게 올리고 깎아주는 경우도 있지만, 나는 그렇다 하더라도 깎아준다는 말을 하지 않는다.

건물을 구경한 예비 매수자는 나의 건물을 살 생각이 없을 수도 있다. 그냥 공인중개사가 설레발쳐서 문의하는 경우도 많다. 그렇게 쉽게 가격을 낮춰주면 그 공인중개사는 다음 손님에게도 낮춰준 가격으로 브리핑할 것이다. 그럼 이미 깎인 가격에서 또 인하를 요구할 것이 뻔하다. 이런 수법에 말려들면 계속 가격만 내려가고 다시 올릴 수는 없다.

만약 진짜 구입 의사가 있는 경우에는 이렇게 문의가 올 것이다.

"3,000만 원만 깎아주면 바로 계약금을 입금한다고 합니다."

이때 가격을 1,000~2,000만 원 사이에서 낮춰주면 된다. 3,000만 원을 깎아주면 계약금을 입금한다는 말을 던진 매수자는 일단 크게 부르고 중간에서 합의하자는 의미일 것이다. 그럼 못 이기는 척하며 중간으로 합의하면 된다. 내 건물이 마음에 드는 매수자는 계약을 전제로 홍정할 것이다.

34

임대 법인을 **활용하라**

요즘 서울과 평택에서 강의를 꾸준히 하고 있다. 2021년 12월 초에 종부세 납부고지가 되어 있는 상태여서 수강생들에게 안부 차 질문하니 종부세를 납부하는 사람들이 간간이 있었다. 그런데 특이하게 개인도 있지만 법인으로 종부세를 납부하는 사람들도 있었다. '이런, 조금만 일찍 나를 알았으면 좋았을걸.' 하는 아쉬움을 말했더니 수강생들도 공감했다.

법인을 설립하여 임대업을 하는 사람들은 나름 열심히 공부하는 분들이다. 절세를 목적으로 공부하여 얻어낸 방식이다. 그런데 이번 정부에서는 법인으로 주택 임대업을 하는 사람을 탈세자나 부동산 버블의 주범 취급을 하고 있다.

우리나라 국민은 납세의 의무가 있다는 것을 누구나 안다. 하지만 세금을 절세하기 위해 공부하고 방향을 찾는 것이 나쁜 것일까? 이러한 자연스러운 행위가 나쁘다면 일시적 2주택의 비과세를 위해 이리저리 매도의 타이밍을 계산하는 사람도 비양심적인 탈세자로 취급해야 할 것이다.

세금 많이 내는 것을 누구나 원하지 않는다. 다만, 줄이는 방법을 연구하는 것이 내 돈을 절약하는 부자의 생각이니 불법적인 부분이 아닌 절세는 적극 권장하고 싶다.

수입이 늘어나면 세금의 장벽에 막힌다

나는 오래전부터 자산평가서와 가계부를 작성했다. 이 데이터를 토대로 부자가 되는 길을 기획했다. 10년 후, 20년 후 계획 등을 만들어 철저히 진행하고 있다. 나는 예상보다 빠른 속도로 목표를 달성하고 있다.

이전에 계획을 짜고 목표를 위해 달려가던 중 5년 차쯤에 나의 계획에 오류가 있음을 알게 되었다. 그것은 바로 세금이었다. 나는 근로소득이 낮은 편이어서 세금(종합소득세)에 관해 크게 고민하지 않았다. 대부분 직장 초년생들은 세율 구간이 높지 않아 별도의 노력 없이도 살아가는 데 문제가 없다. 중산층 정도 되면 근로소득이 높아 연금, 퇴직연금 IRP 등에 가입하는 전략을 사용하고 소비에서도 신용카드나 체크카드 등 소비 전략도 세운다.

그동안 나는 세금에 너무 무지했다. 근로소득보다는 자산소득이 문제였다. 종합소득세는 합산 적용되는 방식이라 연말정산을 1월에 해도 5월에 자산소득에 대해 합산하여 세율이 올라가고, 추가 납부해야 할 세금은 근로소득보다 높은 비율로 오른다.

당시 나의 10년 후 계획에 차질이 생겼다. 나는 소득세를 감안하지 않고 계산했다. 부랴부랴 세금에 관해 공부하기 시작했고 계획을 다시 짜보았다. 당장 나에게 닥친 세금은 아니지만 앞으로 내 계획의 수정은 불가피한 것이 사실이었다.

당시의 주택에 대한 세금은 임대소득 중 2,000만 원 이하의 경우 신고하지 않아도 되고 납부 의무도 없었다. 하지만 2,000만 원이 초과되면 초과된 부분만 세금을 납부하는 것이 아니고 전액을 납부해야 했다. 그것도 근로소득을 합산하여 계산한다. 지금까지도 이 세법은 동일하게 유지되고 있다.

주변의 원룸 소유주들을 보니 나처럼 신고하지 않는 분들이 대부분이었다. 다들 2,000만 원의 소득이 넘었지만 많은 소득이 아닌지라 눈치만 보고 있었다. 나도 당분간은 눈치만 봐도 될 듯했지만 마음 한편에는 찜찜함이 남아 있었다. 나는 계속 수익을 늘려야 하는 상황이라서 방관만 할 수는 없었다. 그래서 적당하게 세금을 내기로 마음먹었다. 하지만 앞으로 근로소득도 오를 것이고 자산소득도 높아질 것이다. 이왕 세금을 내기로 했으니 법인을 만들어 낮은 세율로 내는 것이 좋을 거로 판단하여 법인을 공부하기 시작했다.

종합소득세와 법인세의 차이

개인은 근로소득과 자산소득을 합산 적용하지만 법인은 분리하여 과세한다. 나의 재산과 법인은 완전 별개이다. 자본금을 넣고 주식으로 소유권을 갖고는 있지만 실제 이익이 났을 때 나의 이익이 아니고 법인의 이익이다. 법인의 이익을 개인이 가지고 나오려면 다시 배당금이라는 항목으로 세금을 납부해야 한다. 그리고 이 금액이 2,000만 원을 초과하는 경우 종합소득과 합산 적용된다. 법인세를 내고 종합소득세를 다시 한번 낼 수밖에 없는 것이다. 법인을 설립하는 경우 종합소득세를 줄이는 팁이 있기는 하지만 다시 이익을 받아올 때를 감안하여 투자해야 한다.

종합소득세율

과세표준	세율	지방소득세포함	누진공제액
1,200만 원 이하	6%	6.6%	-
1,200만 원 초과 ~ 4,600만 원 이하	15%	16.5%	108만 원
4,600만 원 초과 ~ 8,800만 원 이하	24%	26.4%	522만 원
8,800만 원 초과 ~ 1.5억 원 이하	35%	38.5%	1,490만 원
1.5억 원 초과 ~ 3억 원 이하	38%	41.8%	1,940만 원
3억 원 초과 ~ 5억 원 이하	40%	44.0%	2,540만 원
5억 원 초과 ~ 10억 원 이하	42%	46.2%	3,540만 원
10억 원 초과	45%	49.5%	6,540만 원

2021년 법인세율

과세표준	세율	누진공제액
2억 원 이하	10%	
2억 원 초과 ~ 200억 원 이하	20%	2천만 원
200억 원 초과 ~ 3,000억 원 이하	22%	4억 2천만 원
3,000억 원 초과	25%	94억 2천만 원

지금 나의 경우를 예로 들어 설명하겠다.

현재 법인 사업체(제조업)를 운영하는 대표이사다. 당연히 대표이사는 월급을 많이 받는다. 그리고 매년 배당금도 받으므로 종합소득세 35% 구간에 들어서 많은 세금을 내고 있다. 물론 법인이 벌어들인 이익에 대한 법인세도 내고 있다. 이것으로 끝이면 좋겠지만 나는 임대법인이 별도로 있다. 이 법인에 120억의 자산이 들어 있고 매월 7,000만 원 이상의 수익이 발생한다. 은행 이자와 건물 유지관리비를 제외하고 고스란히 이익으로 남는 것이다.

나는 근로소득이 이미 높기 때문에 임대법인에서는 근로소득이나 배당금을 받지 않는다. 계속 배당금을 받지 않을 수는 없지만 이익 잉여금이 쌓여가고 있다. 만약 임대법인에서 근로소득을 받는다면 나는 종합소득세율이 더 높은 구간으로 올라갈 것이다. 그리고 의료보험료와 국민연금도 함께 올라갈 수밖에 없다. 나는 이미 국민연금을 상한가로 납부하고 있다. 하지만 의료보험료는 상한가가 없다. 무조건 소득에 따라 올라간다.

수년 후 나는 지금 근무 중인 제조업 법인을 그만둘 생각을 하고 있다. 임대법인에 취업해 월급을 받으며 살아갈 것이다. 이렇게 이동하여 종합소득세를 이중으로 납부하지 않고 임대법인을 관리하며 살아갈 계획이다. 이때부터 임대법인의 배당 또한 받아갈 것이다.

임대법인에서는 근로소득과 배당금을 내가 살아갈 수 있는 비용만 받아 세금을 절약할 것이다. 내가 살아가는 데는 생각보다 많은 돈이 필요하지 않기 때문이다.

잘못된 임대법인의 사례

지금 정부에서는 법인이 주택을 소유할 수 없게 만들어 놓았다. 많은 투기 세력이 법인을 활용해 세금을 절세하려고 하자 정부에서 만든 강력한 조치다. 이 때문에 나 같은 건전한 수익형 투자 임대법인이 힘든 상황을 겪고 있다.

임대법인을 이용하여 아직도 투기 세력이 기승을 부리고 있다. 공시지가 1억 원 이하의 주택에 투자하는 방법이 있다. 공시지가 1억 이하 주택은 법인도 개인과 같이 취등록세 중과 대상이 아니기에 지금도 투기를 하고 있는 것이다. 법인의 경우 6월 1일 기준으로 주택을 보유하고 있으면 종부세를 높은 세율로 부과하고 있다. 6억 이하 공제도 없이 바로 적용한다. 그래서 이 투기세력은 6월 2일 구입하여 다음 해 5월 31일까지 처분을 목표로 공시지가 1억 이하 주택을 무차별 매수하는 것이다. 개인의 경우와 다르게 법인은 양도소득세가 없다. 그냥 법인세만 납부하면 된다. 부동산을 처분하여 남은 이익은 모두 법인세의 낮은 세율로 납부하면 되는 것이다. 추가로 20% 추가가산세가 부과되기는 하지만 그래도 개인의 투자 기준으로 보면 절반도 안 되는 세금이다. 지금처럼 부동산 오름 장세에 나타난 투기 방법이다.

부동산 오름 장세가 없어지고 안정세로 돌아서면 당연히 이런 세력들은 사라질 것이다. 그럼 다시 법인이 주택을 소유하여 건전한 임대업을 할 수 있게 법안이 수정될 것이다. 나는 그날이 빨리 오기를 기대한다. 그래서 제2의 용주주, 제3의 용주주가 탄생하길 바란다.

불멸의 법인을 설립해야 안전하게 살 수 있다

나처럼 법인을 이미 경영하고 있는 분들이 많을 것이다. 제조업, 유통업, 소매업 등 본인이 경영하는 사업체 말이다. 나도 제조업 법인이 있다. 매우 건실한 기업이다. 하지만 나는 불편함을 무릅쓰고 별도의 임대법인을 만들어 나의 수익형 자산을 만들어나간다.

기존 법인으로 업종을 추가하여 임대업을 했다면 여러 가지로 쉬웠을 것이다. 특히 자금 부분에서 나의 제조업은 은행, 기술보증, 신용보증에서 많은 자금을 빌릴 수 있었을 것이다.

우리나라는 제조업에 대한 자금 지원이 많은 나라이다. 하지만 임대업에 대해서는 그렇지 않다. 그렇기에 나도 처음에는 업종만 추가해 쉽게 자금을 마련하여 임대업을 키우려고 했었다.

하지만 달리 마음을 먹었다. 그 이유는 이렇다. 우리나라의 제조업은 경기 침체나 경영 악화로 폐업하기 너무 쉽다. 폐업보다는 파산이라는 단어가 맞을 듯하다. 사업체가 망하는 것을 어렵지 않게 볼 수 있다. 나의 제조업도 그렇다. 경쟁력이 없어지면 파산 또는 폐업을 해야 한다. 영원한 기업은 없다.

그럼 내가 만든 수익형 자산인 임대업도 동반 파산하고 마는 것이다. 아니면 나의 임대업에서 받은 수익으로 직원의 월급을 주고 거래처에 결제하여 파산을 막을 수는 있지만 얼마 가시 않아 파산할 것이다. 우리나라 대기업들은 대부분 순환출자의 형태로 여러 지분을 공유하고 있다.

나는 이러한 형태가 너무 싫다. 하나의 기업이 무너지면 도미노처럼 우르르 무너지는 구조를 싫어한다. 기업을 키워나가기에는 이러한 방법이 기업을 빨리 성장시키고, 재벌 총수들의 지배구조를 만들기는 쉬울 것이다.

나는 제조업 법인과 임대업 법인은 아무런 연결고리 없게 만들었다. 만약 제조업 법인이 경영상의 문제가 있어 파산한다고 해도 그 불똥이 임대업 법인에 전가되지 않도록 만들고 싶었다. 그래서 지금 불편하지만 별도의 법인으로 운영하고 있는 것이다.

지금 임대법인은 몸집이 점점 커지고 있다. 나는 임대법인을 하나 더 만들고 있다. 몸집이 너무 커서 세금이 많이 나오기 때문이다. 임대업 종목 중 주택 부분과 상업 부분을 나누어 관리하려고 한다.

나의 건전하고 안전한 임대법인은 불멸의 법인으로 후대에 이어지기를 바라며 그렇게 만들어졌다.